監修
日比野省三

藤田素弘
大西　徹　著
添田信也

ブレイクスルー思考による
イノベーションマーケティング

羊飼いマーケティングのすすめ

福村出版

はじめに

羊飼いになろう!!

交通手段の発達やＩＴ技術の急速な進歩のおかげで、「物」「金」「情報」「人」など、すべてのものがグローバルに動き回り、二一世紀の世界は、今までにない現象が多発している。

ギリシャで勃発した金融危機は、即日東京、上海、ロンドン、ニューヨークに連動して、株価は乱高下するという〝乱気流時代〟の到来である。インターネットの発達の意味することは、経済のみならず、人々の心理、深層心理まで激しく動かすことである。「アラブの春」（＊二〇一〇～二〇一一年にかけてアラブ世界において発生した、大規模な反政府デモや抗議活動の総称。）でみせたように、人々はいっせいに同じ方向に動く現象が世界的に起こるようになってきた。

筆者は、この現象を〝羊現象〟と名づけている。羊牧場では、犬に吠《ほ》えられた羊たちは、何も考えずにいっせいに同じ方向に動き出し、時には、谷底に落ちてしまうこともある。

羊現象……反応型人間の増大

二一世紀は、考えることをやめて「ワンワン」と犬に吠えたてられるまま、ただ情報に反応する〝反応型人間増大時代〟と命名しても過言ではない。

こんなことがあった。

東京、ロンドン、ニューヨーク、北京など、世界の携帯電話ショップに前夜から携帯電話を買うために行列ができていた。開店と同時に、客が雪崩を打って店内に流れ込み、われ先にスマートフォンを奪い合って買っていくという現象が起こった。

これを仕掛けた人物は、アメリカ大統領のオバマが「世紀のイノベーター」と絶賛したスティーブ・ジョブズ。本書で提唱する「羊飼いマーケティング」の実践者である。

ジョブズが、なぜ「世紀のイノベーター」として君臨できたかを垣間見るところから本書を始めたい。

1　科学技術の見方　一番注目したい点は、彼の科学技術についての見方である。科学技術は、人のためになってはじめて価値が出てくるとみる「人間中心」の考え方である。IT技術にすぐれた才能を発揮したのみならず、彼は、人間の目的や感性、美的価値観に強い興味をもって開発に取り組んできた。アインシュタイン曰《いわ》く、「知性は、方法や道具に対しては鋭い鑑識眼をもっているが、目的や価値については盲目である」と。彼は、人間の目的や価値観に対して、鋭い鑑識眼をもっていたのだ。

2　未来から学ぶ精神構造　彼の野望は、最初から究極のコンピュータ、手のひらに乗るコンピュータをイメージして、革命を起こすことを考えて、突き進んできた。過去から学ぶのではなく、遠い未来から学ぶ精神構造をもっていた。彼の頭の中には、「未来の棚」がイメージされていた。

3　コンセプトから発想する思考　時代の変化を創り出す新しいコンセプトの商品を世の中に提示することによって、人々のニーズを創り出してきた。この考え方は、従来のマーケット調査によりニーズを分析する方法とは、まったく異なったやり方であった。

4　時代に合わせて継続的にコンセプトを打ち出すマーケット戦略　「時代の変化」とともに、「未来の棚」から、次から次へと新たなコンセプトを打ち出すことによって、世界中に話題を引き起こし、〝羊現象〟を起こす原動力となった。

5　新たなビジネスモデル　技術のみならず、音楽とネット、ネットショップなどを結びつけ、新しいビジネスモデルをも提案して、犬笛を吹き、犬を吠えさせ、人々をいっせいに動かす技を使った。

などなど、ジョブズには、伝統的なマーケティングの手法を使った形跡はまったくない。むしろ本書で述べるブレイクスルー思考の哲学、アプローチが暗黙のうちに使われ、犬笛を吹いて、犬を吠えさせ、羊を導いた。
ジョブズは、羊でも犬でもなく、犬と羊を動かす〝羊飼い〟であった。本書を手にしたあなたは、本書のガイドに従って実践すれば、〝羊飼い〟になれることを保証したい。

羊飼いマーケティングとは

本書は、世界が同時並行的に激動する時代のマーケティング――乱気流時代のマーケティングを紹介するものである。二〇世紀までに開発された古典的なマーケティングは、一六世紀のルネ・デカルト以来、人類が信奉してきた「デカルト思考（要素還元主義思考）」にもとづくものであり、二一世紀の乱気流時代に合わなくなってきていることを本書は訴えている。従来のマーケティングは、要素還元的なデカルト思考にもとづくことが多いので、通称「デカルトマーケティング」と呼ぶことにする。

しかし、はじめに記しておきたいことは、「デカルト思考」を含めて、これはルネ・デカルトその人や思想に関しての議論ではないことである。なおかつ、「デカルトマーケティング」を否定するものでもなく、ブレイクスルー思考（※ブレイクスルー（breakthrough）は、現状打破、難関突破という意味。）による「ブレイクスルーマーケティング」と「デカルトマーケティング」を統合して、「羊飼いマーケティング」という新たなコンセプトのマーケティング理論を紹介する本として執筆している。本書の題名『イノベーションマーケティング』が示唆するように、マーケティング理論にイノベーションを引き起こす力をもった書として、今後、マーケティング分野や経営分野で話題を呼ぶと期待されている。

「ブレイクスルーマーケティング」のもとになっている「ブレイクスルー思考」は、本書の著者の一人である日比野省三とアメリカのジェラルド・ナドラー教授との共同研究の末に開発された〝乱気流時代〟の思考哲学やアプローチ、道具論で、従来のデカルト思考・要素還元主義思考とは、まったく異なる解決策を生み出す思考であり、世界的に注目を集めている。マーケティングの分野で簡単にいえば、「デカルト思考」は、過去・現在の事実をもとに、マーケティングを考える哲学である。激しい変化が起こるようになると、過去の延長線上に未来がなくなり、このマーケティングの方法が、うまく動かなくなる。それに反して、「ブレイクスルー思考」は、「根本から物事の本質を考え、どうあるべきかを考え、未来をデザインして、未来から学ぶマーケティング」を考える哲学である。この両者の哲学は、まったく反対の考え方である。

ゆえに、この二つのマーケティングを統合した理論を紹介する本書の特徴は、従来とはまったく違う「新しいマーケティング理論」が提案されていることである。

成果を生むマーケティング

ブレイクスルー思考の歴史は、半世紀にも及ぶので、世界中で大きな成果をもたらしてきている。マーケティングの分野では、冷凍冷蔵庫などの家電品、水回り商品、食品、老人介護用品などのヒット商品の開発や、業界初で大賞を獲得した「流通ビジネスモデル」の開発など、驚くべき成果が出てきている。また、ブレイクルー思考を学び、会社のトップで活躍している人々も世界に数多くいる。

激しく揺れ動く二一世紀の乱気流時代に勝ち残るには、イノベーションを引き起こす力と、その力を世の中に役立て人々を動かすマーケティング力、すなわち〝羊飼い〟の力量が求められている。

本書の目的は、革新的にアイデアを出し、顧客に焦点を絞り、挑戦する人々を創り出すことであり、「これだ‼」という気づきが得られる本として書かれている。

ぜひ、この乱気流時代の日本、日本企業をこれから支えたいと思う人々に、本書の一読をお勧めしたい。また、これからの時代に必要なビジネス思考を身につけたい、入社二、三年の社員にも必読書として推薦する本である。

本書の概要

はじめに

本書の特徴について概説している。デカルトマーケティング、ブレイクスルーマーケティング、羊飼いマーケティングの紹介から始まり、実践へと書き進めている。本書の特徴の一つは、事前、事後テストによって、読者の変化度がわかる仕組みを採用していることである。

第1章　目的と顧客志向

目的は、物事の根本を考えることである。目的が変わるとマーケティングが変わることを、事例を交えてわかりやすく説明する。そのうえで、マーケティングを考えていく。

マーケティングの原点は顧客志向であり、経営の基本は「顧客創造」である。顧客を創るためには、技術からスタートするのではなく、顧客である人間の目的や価値観から考えることである。新たなマーケティングは、ここから始まる。

第2章　デカルトマーケティング

まず最初に、従来のマーケティング理論である「デカルトマーケティング」を垣間見て、マーケティングに関する「語彙」を覚えてから考える力をつける。デカルトマーケティングの理論言葉を覚えて、ブレイクスルー思考の哲学で再定義し、ブレイクスルーマーケティングを確立する準備をする。

第3章　ブレイクスルーマーケティングの全貌

ブレイクスルーマーケティングを導き出すために、その基礎となるブレイクスルー思考の七つの原則を解説し、デカルト思考との違いを理解する。そのうえで、ブレイクスルーマーケティングの理論を学ぶ。

第4章　羊飼いマーケティング

ブレイクスルーマーケティングと従来のデカルトマーケティングが、どのように融合していくかを学ぶ。過去の延長線上にも未来があることがあるので、デカルトマーケティングも無視できない。顧客志向で考えて、デカルトマーケティングとブレイクスルーマーケティングをハイブリッドし、必要に応じて、「顧客の感動」を引き出す「羊飼いマーケティング」に向けてマーケティング活動をすべきであることを強調している。

第5章　ブレイクスルーマーケティング、羊飼いマーケティングの実践

どのようにブレイクスルーマーケティングと羊飼いマーケティングを実践するか、実例をとおして学ぶ。第一話は、新商品開発の事例、第二話は、ビジネスモデルの開発について述べる。

おわりに

多くのマーケティング戦略の失敗例をみると、ブレイクスルー思考の七つの原則を無視していたり、忘れていたりしていることがわかる。羊飼いマーケティングでは、まずブレイクス

ルー思考の七つの原則を守り、目的的情報（＊目的的情報の原則とは、解決策を創るために、目的に合った最小限の情報を収集する原則と定義する。目的「適」情報収集の原則ともいう。）を収集するときにデカルトマーケティングを使うことが重要であることを説いている。

本書の特徴――犬笛テスト

本書を読み終えたときには、「顧客の視点から元気よくアイデアが出るようになり、チャレンジするビジネスパーソンに変わる」ことを期待されている。

その変化を知るために、本書を読み始める前に、次の「犬笛テスト」でチェックしておいていただき、最後に再度「犬笛テスト」を受けてその変化度を確認していただければと思う。羊飼いは犬笛を吹いて羊を自由に動かすことから、「犬笛テスト」と名づけている。このように、事前テスト・事後テストで、読書結果を測る試みも本書の大きな特徴になっている。

それでは、さっそく「犬笛テスト」をやってみよう。該当するところに○をつけてみよう。設問に対しては、現時点での素直な気持ちで答え、こうあるべきとか考える必要はまったくない。

	まったく同意 5点	やや同意 4点	中間 3点	少し同意できない 2点	まったく同意できない 1点
物事の根本は、事実・真実を探ればわかる					
目的が決まれば、そこから先はあまり考えない					
問題解決のためには、物や形に注目し、まず細かく分析することである					
勝者と敗者は分かれて当然である					
過去と現在から学ぶことが大事である					
問題追及は、「なぜなぜ」を繰り返し、原因追究（＝犯人探し）することが大事である					
解決策は一般的、普遍的なものがよいと思う					
類似問題を探し、解決策を考える					
自社の商品やサービスとお客様のことを考えるときに、まずは自社のことを考えるべきだ					

	①	②	③	④	⑤
過去の成功したビジネスモデルは大いに参考にしてコピーすべきである					
問題を正確にとらえるためには、問題に関する情報をできるだけ最大限に収集すべきである					
解決策はまず専門家に相談すべきだ					
うまくいっている間は、やり方をいじる必要はない					
合計点（小計）					

合計（①＋②＋③＋④＋⑤）	

〇の数に、各点数をかけて横軸の合計点を左端列に記入し、今度は縦軸の合計点（小計）を足し合わせてみよう。

合計点56点以上……デカルト度が非常に高い。本書をこれから注意深く熟読しよう。

合計点42点～55点……そこそこのデカルト度。読書後の変化を楽しもう。

合計点42点未満……すでに現状に問題意識あり。さらに本書によって問題意識を磨こう。

COLUMN

賢問とは？

本書では、「賢問」という言葉がしばしば出てくる。

賢問とは、ギリシャのソクラテスや仏教の禅問答などのように古くから伝わる「思考技」で、ブレイクスルー思考を用いて賢い質問を投げかけ、考える「脳力」を鍛えるものである。賢問は、ひと言でいえば、「人々を動機づけ、巻き込み、創造的な解決策を導き出す賢い質問」と定義できる。

COLUMN

デカルト思考（要素還元主義）とデカルトマーケティング

要素還元主義は、次の四つのルールで構成されている。

1　万物は、要素に分解できる。
2　要素は、置き換えることができる。
3　要素問題を解決できれば、全体が解決できる。
4　全体は、部分の総和である。

以上の四つのルールをマーケティング理論に活用すると、デカルトマーケティングが完成する。

1　すべては、分析できる……顧客満足度調査をし、不満点をあぶり出す。
2　要素を置き換えることができる……不満点を解消する案で置き換える。
3　要素問題を解決できれば、全体が解決できる……不満点が解消できれば問題解決。
4　部分の総和が全体である……満点の解決策をすべて足せば、顧客が満足する。

賢問1　これが、デカルトマーケティングであるが、何が抜けているか？

目次

第2章　デカルトマーケティング……55

第5章　ブレイクスルーマーケティング、羊飼いマーケティングの実践

p1, 3, 19, 72, 105, 155, 176 イラスト／桜井葉子

第1章　目的と顧客志向――マーケティングの原点と基本

1　目的が変わると、マーケティングが変わる

まず、さまざまな事例から話を始めたい。この事例を読んで、あなたは何に気づいたか。ここから、「羊飼いマーケティング」をひもといていきたい。

●事例1　団地強盗事件……賢い質問が人々を導く

ある東京近郊の団地で、空き巣ねらいや強盗事件が多発していた。ある日事件が起き、中年の男性が、強盗を阻止しようとして逆に刃物で刺されて殺された。その夜遅く、救急車も警察官も帰った後で、団地の自治会の役員たちは、自分たちを守るために何をすべきかを、集まって話し合った。

最初、ミーティングには何ら方向づけもなかった。彼らはその夜の出来事について知らされている事実を互いに話した。またある人は、同じような体験談をはじめ、新聞雑誌で読んだ

ニュース記事、個人的に打ち明けられた話などを紹介した。そのとき誰かが次のように言った。「自治会として何か行動を起こそうじゃないか。しかし、いったいどうすればいいんだ」もちろん、誰にもわからなかった。大部分の人々は、何をすべきかを誰かが言ってくれるのを期待していた。

しかし、誰にもこれといった答えはなかった。思いつくままいろいろな意見が出た。「もし警察が取り締まりを強化してくれるなら、われわれはここには集まっていない」「そのとおりだ。だいたい警察は実害がなければ、何の注意も払わない」「しかし、警察はできることはやっていると思うよ」「警察を呼ぶことは、確かにできる。でも、警官がここに着くのを待っている間に、死んでしまうよ」「それは、犬がゴミ箱をひっくり返すたびに警官を呼ぶからさ」「とにかく、われわれにできることは警官を呼ぶことさ」「いや、自分たちで力を合わせて、この団地を自警しよう」「いいかい、私は行動することには賛成だ。が、残念ながら、これればかりに時間をかけられないよ」「ここにいる何人かは、きっと参加しないと思うよ。その人たちは、以前も団地自警団をつくっていたけど、熱心に何かやったことがあるかなぁ」「俺たちきょうだいは戦うよ。怖いものなしだからな」「もし危険な人間に会ったらどうしよう。われわれは銃をもっていないんだ」「麻薬だよ。やつらはみんな、きっと麻薬で心が高ぶっているんだ」……。

ほとんどの団地自治会の役員は、否定的な議論に集中していた。多くは、不平・不満である。大部分の人は怒っている。そして、誰かを非難したくなるのはごく当たり前のことである。また、行動を示唆した意見は貧弱に思える。欲求不満の感がそろそろ出始めた。

ある若い女性役員が、ポツリと口を開いた。

「どうして私たち、ここにいるの。これじゃ、時間の無駄じゃない」

この女性は紛れもなく嫌気がさしていたのだ。いずれにせよ、このミーティングは論点がないように思えた。役員たちは重い沈黙につつまれた。

しかし、女性役員はその沈黙を破るかのように語り始めた。

「何が悪いのか、誰が悪いのかは、たくさん聞いたわ。もう聞きたくないわ。でも誰も、何のために私たちがここにいるのか、まったく教えてくれなかったわ」

ある男性役員が、当然のように、

「私たちは、犯罪人のことについて話をするためにここにいるんだ」と言った。

しかしこの女性役員は続けて、

「そう。でも犯罪人のことについて話をする目的は何なの？」と、純粋な気持ちで何のために自分がこのミーティングに参加しなければならないのかを問うた。彼女は、「われわれは、何のために集まっているか？　その目的は？」と問いかけることによって、その問題に効果的に対処する方向に向かって一歩踏み出したのだ。彼女は、声を低めてその男に尋ねた。

「あなたは本当に、私たちが犯罪人を何とかできると思ってるの？」

他の誰かが答えた。

「僕たちは取り締まりをするために、ここにいるんだ」

しかしながら、この若い女性役員に関するかぎり、これは何の答えにもなっていなかった。

そこで彼女は、

「私たちが取り締まりを強化するなんてこと、できるの？」と尋ねた。その答えは、

「警察は取り締まりを強化しようと考えているよ」ということであった。

すると、部屋の別の隅から、新任役員で若者代表の十代とおぼしき少年が、

「僕たちは、警察が取り締まりを強化するのを手助けすることができるんじゃない？」と
言った。その若い女性は、しっかりと少年を見つめて、

「何だか、やっとうまくいきそうだわね」とつぶやいた。

一人の男が、彼女の前に立ちはだかった。あたかも、彼女がミーティングの目的を見つけた
のだから、この問題に対処する責任があると言わんばかりに、次のように聞いた。

「どうやって警察を手助けするんだい？」

女性役員は、

「私には、はっきりした考えなんてないわよ」と言った。その後、彼女は少し考え、続けて言った。

「ここに警官を招待しましょうよ。そして、どんな手助けが警官に必要なのかを皆で聞いてみない？」

その夜、はじめて彼女は微笑んで、

「お望みなら、私が電話をするわ」と、つぶやいた。

団地住人たちは、警官を交えた次回の会合を近々に開くことを申し合わせた後、またたく間にミーティングは終了した。

当初、このミーティングはともに行動するという目的であったが、最終的には、警察が取り締まりを強化するのを手助けするという目的で一件落着した。いったん目的がはっきりすると、次のステップは一目瞭然である。

この話に登場した若い女性役員は、その問題を解決したわけではない。おそらく自分の多忙なスケジュールも考慮に入れ、役員たちは「何のために」この問題を解決するのに集まったのかを問い、ミーティングそのものの目的に向けさせた。はじめは、グループメンバーは目的を話し合うことに難色を示したが、最後には目的が必要であることを素直に了承した。しかもそれは、全員が一致できる何かであった。彼女は問題を論じたり、自分の意見を主張するのでははなく、解決策に向かうように、賢い質問を繰り返しながら人々を導いていったのである。

この小話は、「何のために集まったか?」を問うことから、物事が動き出すことを教えてくれる話で、マーケティングにも応用でき、「誰の視点で」「何のため?」に調査をし、宣伝活動をするかを問うところから、マーケティングの活動がスタートすることが重要であることを教えてくれるものである。思いつきで勝手に意見を言うだけでは混乱するだけで、「目的が物事をまとめるカギになる」のである。

●事例2　物流倉庫物語……目的の目的を問うと、違う答えが出る

最近、ある消費財メーカーは、物流方法を大幅に変更する作業を行った。この会社の新しい物流方法は、同業他社が通常行っている物流のやり方を現状打破するものであった。しかし、この会社はこの種の「ブレイクスルー」を突然行ったわけではない。

すべてはある配送業者が「この会社の倉庫はわれわれに不良品を送らせている」と愚痴をこぼしたことから始まった。

そこで経営幹部は、問題の所在を突きとめるため、物流コンサルタントを呼んだ。そのコンサルタントは、ただちに倉庫業務に関する統計数値を集め出した。そして、不良品の種類や商品の劣化、積荷の遅れの頻度などを調査した。また、労働時間や物流のコスト構造も調べた。

こういった一連の調査を通じて、コンサルタントは次のような結論を下した。不良品は、「荷を積む場所で発生している」と。これを裏づける証拠として、壊れた積み荷木枠や積荷の慢性的な遅れ、および過度の残業などについて膨大なデータを示して説明した。

このコンサルタントにとって問題を処理することとは、積荷業務を阻害する要因を取り除くことであり、つまり問題点を改善することであった。そして、大半の問題は積み荷場所での手作業に関係していた。したがって、解決策は商品の積み込みを自動化する方法を見つけることであった。このコンサルタントのアプローチは、多くの人が問題を解決する際に、通常行っている「典型的な方法」である。実際、この種の多くの専門家は現状分析し、問題点を見つけ、対策で置き換えるという「問題置換」の方法をとっている。

この問題解決方法の落とし穴は、問題の性質や解決する理由を〝真〟に理解することなく、問題にかかわる細部にいきなり巻き込まれるということである。とどのつまり、何が悪いのかに焦点を当てることとは、解決の目的・根本を無視することにつながるといっても過言ではない。

このコンサルタントも、目的を深く考えず、積荷場所の目的は「これだ」と仮定した。すなわち、商品を能率的に積み込む方法を見つけることであった。この出発点に立つと、解決策は積み荷場所の自動化に行き着くのは明白である。

その後、このコンサルタントは商品を積み込むために、コンピュータ制御のコンベアを設置するという画期的にみえる方法を思いついた。このコンサルタントが設計した提案システムは、倉庫一つにつき約六〇〇万円の投資資金を要するとのことであった。そのシステムが稼働した場合、八カ月で回収できると見積もっていた。

多額の事業投資にとって、きわめて好ましい回収期間、または投資を埋め合わせる時間は、せいぜい一年かそれ未満である。八カ月の回収期間は例外的な好機と思われた。それゆえ、このコンサルタントは「すばらしい解決策」を手にしたと感じ、この会社の社長に自分の設計したシステムを強く推薦した。

一つの倉庫を改装する費用は、このような大企業にとっては大した額ではない。しかし、この会社はいかんせん二四もの倉庫を所有していた。すべての倉庫を改装するとなると、約一億四四〇〇万円の投資が必要になる。加えて、数百人の社員の配転を考えなくてはならない。

それにしても、外部のコンサルタントにはある種の神がかり的な雰囲気がある。このコンサルタントは説得力旺盛で、かつ執拗《しつよう》なタイプであった。そのために社長は、このコンサルタントの提言に耳を傾け始めた。

しかし、もともとこの会社にはスタッフエンジニアがいたので、本来は外部の専門家を招く理由がなかった。社長はよりよい方法の立案のために、社内グループに二次案を検討するように求めた。

さっそく内部の生産管理技術グループは、コンサルタントが提出したレポートを確かめる業務に、若いスタッフメンバーの一人を命じた。社長は、このコンサルタントによって提案された企画内容よりも、社内検討結果がすぐれた提案が出てくるとは思っていなかったので、仕事の配分は、生産管理部門に任されて無造作に行われた。そのプロジェクトを命じられたスタッフエンジニアは、最近大学を卒業したばかりで企業経験はないに等しかった。したがって、積荷や搬送についての経験がまるでなかった。しかしながら、若いエンジニアは、コンサルタントの意見に対して真剣に取り組んだ。経営陣に目をかけてもらえるチャンスであった。たとえそれが、最終的にはコンサルタントの報告書にゴム印を押すことになったとしても。

若いエンジニアは、大学で習ったこと以外は何もできなかった。ただ大学のゼミで鍛えられた目的志向にもとづく問題解決の方法を得意としていた。ゆえに、彼はコンサルタントのレポートの大部分の現状調査報告を無視するとともに、その中で暗示している目的に注目した。

そのエンジニアにとっては、「商品を積み込む」という目的は、考えうる目的の中でも比較的小さいものの一つのように思えた。とするならば、「商品を積み込む目的の目的とは、いったい何か?」と自問自答してみた。彼が考え出した目的は、「販売業者別に積み荷をまとめること」であった。さらに積み荷をまとめることの目的は、「販売業者に商品を輸送すること」であった。

このように「目的の目的」を問う推論により、多くのより大きな目的を経て、とうとう大目的にたどり着いた。すなわち、「その会社の商品を市場に流通させる」ということであった。商品を積み込むのに必要な数少ない方法のうち、先のコンサルタントは、よりよい方法として積荷作業の自動化を見つけた。しかし、はたしてその方法が商品を市場に流通させる「ベストな方法」なのだろうか？

いったん大きな目的が明確化すると、採りうる選択の範囲はきわめて広くなる。つまり、解釈枠が拡大することによって、選択枠が飛躍的に増大するのである。ただ消費者に有益な商品を供給するといったような目的は、あまりに大きくて解釈枠が広がりすぎて対応できなくなってしまう可能性がある。しかし、物流レベルで代替案を見つけたことは生産的であった。

プレゼンテーションの日がついにやってきた。若いエンジニアは、物流ならびに技術のトップマネジャーを含む、部屋いっぱいに集まった経営幹部を前にした。

通り一遍の説明を聞いたのち、社長は無愛想に言った。

「それではコンサルタントの推奨する投資に踏み切ってもいいかね？」

若いエンジニアは、人生最大の賭けをすることになった。もし万が一、彼が間違っていたらその掛け金は非常に高くつく。彼は大胆にも、

「いいえ、いけません」と言った。

参加者の幾人かは、意外な発言にどよめいた。社長は言った。

「君は作業場を自動化する以外に別の方法を持っているのか?」

「いいえ」と若者は答えた。

彼は子どもの頃、誤りに対して大きな声で、また自信のある声で話すようにいつも教え込まれていた。だから、ここでもそうしようと思っていた。

彼ははっきりとした声で、次のように言った。

「私は倉庫を売るべきだと考えました」

彼の計画は、すべての倉庫を売ってしまおうというわけではない。二、三の地方の倉庫はそのままにする。ただし、「それらの地域倉庫は航空積荷のみを直接保管するために使用する」という内容であった。地方の倉庫の大半を削減することによって荷物輸送は単純化し、その結果、積荷のための手作業は極端に減り、より直接的でかつ迅速な配送ならびに工場での在庫水準を低く抑えることができる、ということであった。この考え方は、トヨタ生産方式でいう、〝必要なものを〟〝必要なときに〟〝必要なだけつくる〟という基本理念に近似しており、ムリ・ムダ・ムラを徹底的に排除することをめざしている。つまり、倉庫のもつ目的を展開することによって、倉庫そのものを創造的に否定しているのである。

この会社は、あるべき姿のこれらの推論に応え、多くの代替案を考えたのち、最終的には地方の積荷置場の四つを残し、二四の倉庫をすべて売却した。そして、この決定によって行き場のなくなった従業員には、解雇を避けるために新しい就職口を斡旋《あっせん》した。加えて、大部分の在庫は工場で管理され、在庫水準は新しい全国規模の配送システムの高能率のおかげで著しく低下した。このようにして不良品が出るという最初の問題は、自動化ではなく、手作業の段階を省くことによって創造的に解決された。

その結果、この会社は年に数億円も節約したとともに、組織として実効ある改善をした効果は測りしれなかった。ついには、競合他社も同じ方法で組織を再編するか、またはこの事業分野から撤退するかのどちらかを選択せざるをえなくなった。

この事例の教訓は、若い技術者が考え出した解決策のすばらしさではなく、彼が問題に「アプローチ」した方法である。目的の目的を問い、より大きな目的に焦点を合わせていくのではなく、もし彼が単に目の前の目的――「商品を積み込む」よりよい方法を探すことに焦点を当てていたならば、決して別の配送方法などの考えに及ばなかったであろう。

●事例3　目的意識は、人それぞれだ!!

ある会社に中途入社で三〇代を三名、技術専門職として同時期に採用したことがあった。彼らは、最初は先輩社員から指示された業務対応と書類作成補助を行う。即戦力として入った人たちであったが、基本を覚えてもらうことを前提とした人材育成の対応であった。

三カ月経った。三名それぞれに聞いてみた。

大貫さん（仮称）は、「そろそろ技術対応の仕事をさせてください。自分は事務処理は苦手で。面接で言ったように、自分は技術の仕事がしたくて貴社を志望しているのです」と、強く意見を言われた。

石田さん（仮称）は、「事務作業をできるようになるためには、仕事のプロセスを先輩たちから聞き取りながらやっていくことが、大事ですね。一見厳しそうな先輩も、熱意をもって質問すると答えてくれます。転職してよかったです」と、大変楽しそうに話してきた。

吉川さん（仮称）は、「自分なりに、仕事の仕方をまとめてみました。自分が、新人の方にこの仕事を教えるときにはどうすればよいかを考えながらやっていました。先輩ごとに指示が違った場合があり、その原因を自分なりに調べてみました。先輩方のそれぞれの経験によって、仕事の順番や重要とする部分が違うことがわかりました。一つひとつの仕事について、お客様のことをしっかりと理解して、また社内や取引先の実情も理解していく仕事であるとわかりました」と、慎重な話ぶりで語った。

じつはこの仕事を与えた目的は、「部下が自らを省みて、能力を（最大限に）発揮する」ことであった。大貫さんは「事務処理」としてしかみなかった。石田さんは「職場の人々とのふれあい」であった。吉川さんは「転職した先の仕事の特徴を調べる場、理解する場」であった。

上司から同じ仕事や同じ指示を受けていたが、三人それぞれが仕事の目的認識をもち、意見や行動がまったく違うものになった。人間は同じことを言われても、自分中心で考え、各々がまったく違って理解して行動するものである（同じ方向に動かすには、仕掛けである〝犬笛〟と〝犬〟が必要なのである）。

このように目的は、人（主役）によって変わり、活動も変わってしまうので、マーケティング活動では、「主役（顧客）は誰なのか？」「どんな目的に対応する商品やサービス、プロモーションなのか？」と、考えることが必要である。主役と目的の設定しだいで、活動内容が一八〇度変わってしまうということに注目すべきなのである。

●事例４　思い込みの商品開発に「待った！」

ある菓子メーカーでの話である。ギフト用のスイーツを検討していた。甘さや香りなどさまざまな要素を調査し、「甘さを印象づける」という目的で、商品企画を進めていた。

そのとき、二〇代の女性で調査担当の田中さん（仮称）が発言した。

「私は、夏のスイーツは、とくに冷やして食べるものは、甘さ控えめがうれ

しいんだけど……。この視点は必要ないの？」彼女の素朴な疑問であった。

商品企画担当の長戸さん（仮称）は、「えっ……」と、自分たちが甘さのトレンドづくりにだけ追われて、肝心のユーザーの本当の声を聞いていなかったのではと、不安になった。「田中さん、甘さのレベル感の調査をしてみてくれないか」と、長戸さんは依頼した。

調査の結果、糖度の高いスイーツには、実際には糖度を下げておいしさを維持してほしいとの大きなニーズがあることが統計で示されたのだ。今の今まで糖度を増やして、また新たなフレーバーを増やすことを検討してきていた。正反対をめざしていたのだ。目的が違っていたことに気づいたのである。

その後、「甘さ控えめ」のシリーズは、ギフトでは前年比一七〇％、単品でも多くのスーパーの売り場に並んだ。五年ぶりの大ヒットになったのである。

この事例は、よくあるメーカーでの商品開発での間違いの例で、開発者の視点で一般論的な目的で開発努力をしてしまうことである。夏に冷やして食べるという二〇代の女性の視点で目的を考えると、「甘さを控える」という「まったく反対」の目的が出てきた。企画で大切なことは、真の顧客や時・場所を明確にして商品企画に入る必要があり、一般論で考えたり、つくる人の思いや視点でみないことである。

●事例5　病院ベッドの主役は誰?

寝具・ベッド商品を開発している会社での話である。

病院向けの商品販売担当である黒崎さん（仮称）は、入院患者が自分で操作できる快適性や利便性のみを重視して商品開発してきたことに疑問を感じていた。そこで、入院患者が多くいる病院の看護師さんや介護士、ボランティアの方々が何に困っているかを聞いて回った。すると、深夜に苦しんでいる患者のベッドの位置移動であることがわかった。ある大学病院ではほとんどの人がその労働に苦労していた。黒崎さんは、自分たちが患者にこだわりすぎて、実際に病院で対応する看護師たちの労力をみていなかったことに気づいた。

今までは問題をかかえた患者にとって不便さがなくなるベッドづくりをしていたが、介護者や支援者の労力を軽減する費用対効果のよい商品をめざすべきであると、主役を変えて改良品を開発するよう提案した。その商品は、地域の中核となる大学病院に採用され、全国の大手の病院の引合いを数々と得ることになった。

この事例も、真の顧客を間違えている例である。病院のベッドの場合は、患者だけではない。もちろん患者は重要だが、苦労している看護師や介護士、ボランティアの人々の利便性が重要な購買行動を決めるのである。「誰が購買の意思決定をするか?」を考えると、病院側の経営管理に携わる経営者、医師、

看護師、介護士、ボランティアへの配慮が重要である。この事例は、誰が主役（真の顧客）かを考えることが重要であると教えてくれる。

●事例6　目のつけどころを変えてみる

医療向けの画像診断システムを開発してきた吉岡さん（仮称）は、医師や事務長との多くの打ち合わせをして、画像を活用するさまざまな業務場面を想定して、あらゆることに対応できる機能をつくりあげた。そして、絶対的な自信をもってこのシステムを販売していこうと、外科医が多く集まる学会や研究会で商品紹介した。

しかし、彼らの反応は悪かった。じつは他の会社の商品も同じような開発をしていたのだ。新製品のスペック（性能）は非常に似通っていた。

そんなとき、世界中に熱烈なファンのいるパソコンメーカーのマーケッターと話す機会があった。「血の色の正確な識別が問題だと思う。血の色の再現を今検討している」と彼は言った。

確かに血の色は問題になったことがあったが、その精度をそこまで追求したことがなかった。調べれば調べるほど、「血の色を鮮明にみせる」という視点でみれば、吉岡さんが開発した現状システムもアプリもともに満足できるものではないことに気づいた。また、どこのソフトメーカーもこの点は改善に着手しきれていなかった。

着眼点を「血を鮮明にみせる。必要な識別をすべて可能にする」という点に集中し、ソフトの改善とプロモーションを行った結果、外科向けの画像診断ソフトウェア販売は、前年比二〇〇％以上になった。

この事例は、他社のものまねをやめて着眼点を変えてみることが、大きく成果に結びつくことを教えている。すなわち、着眼する目的をあらゆることに対応できる機能を埋め込むことから、「血の色を（鮮明に）みせる」ことに「再定義」することによって、ヒット商品に仕上げたということである。一般にいわれている定義を「再定義」できる能力が、マーケッターとして重要である。

●事例７　売らないマーケティング？

半導体での製造ライン装置の会社で、拡大販売会議を行っていた。そこで、既存品の中で、いつまでも製造中止商品にできないため赤字になっている商品が多くある報告があった。すべての商品をいかに売るかとして検討してきたが、収益を考えると、いかに商品を廃止とするかが課題であったのだ。

なぜやめられないのか、どうすれば交渉が成立するか、製品を廃止にするための「売らないための「マーケティング」が重要課題になった。精緻な調査、条件交渉プランニングによって、収益改善でき、事業部は存続危機を乗り切り、黒字事業部に転換した。

この事例は、課題を間違えるというよくある事例である。人間は思い込みが激しく、「これが課題だ」と思い込んで部下に指示したり、解決しようとやらなくてもよいことを一生懸命努力して解決しようとするものである。上司から、「これが課題だ」と言われたら、「何のために、これを解決する?」「課題解決の目的は何か?」「その目的は何か?」と問うてから、課題解決に入るべきである。

▼事例から学ぶポイント

以上、七つの事例は、どこの会社や職場でもみられる現象である。羊飼いマーケティングを導き出す観点から、整理をしてみよう。

1　人々は、目的も考えずに思いつきで意見を言って、混乱を引き起こすことが多い。目的が物事をまとめ、動き出させるのである。

2　人々は、目の前の現象を分析して、そのまま解いてしまう。何のためにその目的はあるのかと真の根本を考えて、あるべき解決策を考えると、意外にすぐれた解決策が出てくるものである。

3　人々は、課題や目的を間違えることがしばしばある。この過ちを「第三種の過誤」（＊問題や目的を間違え、答えを出す過ち。）と呼び、いくら努力しても認められない過ちの一つである。マーケティングを考えるときには、まず課題や目的が「努力すべき価値があるものか？」を検討するところから始めるべきである。

4　目的が人によって違うことを見事に示している。目的が違えば、行動が違って対立することになる。目的が一致すれば、皆が協力し合うことになる。目的は一般論ではなく、どんな状況（場所・時）で、誰の視点でみるかによって変わってしまう。この主役と場所、時を考えることを「場の設定」と呼ぶが、場の設定の重要性を教えてくれる事例である。マーケティングを考えるときには、とくに主役は生産者ではなく、「顧客」であると考えるという思考習慣が求められる。マーケティングは、「顧客志向」といわれるのもこの原理からきている。

5　重要なことは、「目のつけどころ」である。一般論に他者のものまねをしていては、マーケッターとしては〝落第の烙印《らくいん》〟である。他社が気づかない「すぐれた着眼点」を見つけ出すことが、マーケティングとしては必要不可欠である。

6　マーケティングは、技術からスタートするのではなく、人間の深層心理からスタートする。技術は重要であるが、その前に人間を扱う技が求められる。羊飼いで重要なのは、揺れ動く人間の心理を動かす〝犬笛〟と〝犬〟の仕掛けを考えることである。

2 目的の原則（目的展開の原則）は対立解消
――方法論は人々を対立させ、目的は人々をまとめる

「部門で対立しちゃって、困りました」

これは、あるセミナーで隣に座った人（Aさん）が、語ったひと言である。理由を聞くと、営業部と開発部がいがみ合うという。よくある話ではあるが、営業は「開発がもっといいものを開発すれば、売れるのに！」、開発は「こんないいものを営業が売らないからダメなのだ！」といがみ合うとのこと。「でも、部門が変わると人も変わるし、話し合うしかないですね」とAさんは言う。

そこで、「部門の目的はそれぞれ違うんですよね」と水を向けた。うなずくので、さらに、「目的のその目的を考え続けると、会社の目的（企業理念）に行きつくと思いますが、目的を考え続けているどこかの時点で二つの部門の目的が一致すると思います。そのとき、対立は

なくなるんじゃないですか？」と続けた。

Aさんは、はじめはキョトンとした顔だったが、見る見るうちに表情が明るくなった。「そうか！　部門同士の利害ばかり考えていたから対立していたんだ。なるほど顧客に最大限のサービスを提供するためにわれわれは働いているという目的に各部門が同意すれば、対立することはないですね。ありがとうございます。今度、部門同士でじっくり話し合ってみます」

目的の原則（目的展開の原則）を教えただけで、対立構造の解消につながるヒントを得たAさん。有意義な話し合いになったことだろう。

3　顧客志向——マーケティングの根本

ピーター・ドラッカーは、著書『マネジメント』の中で、「これまでのマーケティングは、販売に関係する全職能の遂行を意味するにすぎなかった。それまでは、まだ販売である。われわれの商品からスタートしている。われわれの市場を探している。これに対し真のマーケティングは顧客からスタートする。すなわち顧客の現実、欲求、価値からスタートする。『われわれは何を売りたいか』ではなく、『顧客は何を買いたいか』を問う。『われわれの商品やサービスにできることはこれである』ではなく、『顧客が価値ありとし、必要とし、求めている満足はこれである』」と述べている。また、「企業の目的が顧客の創造であることから、企業には二つの基本的な機能が存在する。すなわち、マーケティングとイノベーションである。この二つの機能こそ企業家的機能である」と。

マーケティングとイノベーションに力を入れれば、企業は間違いなく成功に向かって動き始める。本書は、ドラッカーが定義する企業家的機能を実現できる力を強化する目的でも書かれている。本書の題名である『イノベーションマーケティング』の意味することは、商品やサービスのイノベーションのみならず、マーケティングでもイノベーションを引き起こすことを意図したものである。マーケティング分野で新しいパラダイムを提案する画期的な本である。

(1)販売とマーケティングの違い

多くの企業の方々から、「先生、こんな技術を開発しました。どのように売ったらよいでしょうか?」「こんな商品を開発しました。どこかで売れないでしょうか?」という質問をいただくことが多い。

このような質問は、ドラッカーのいう「われわれの商品(技術)からスタートしている。われわれの市場を探している」という範疇《はんちゅう》に入る話で従来のマーケティングの範疇になり、販売という概念で解釈すべきものである。これは、ひと言でいえば、「押し出す思考」である。すなわち、「プッシュ型マーケティング」で、人間を忘れているのである。

それに対して、ドラッカーの定義するマーケティングの目的は、「顧客は何を買いたいかを問う」ことである。すなわち、人間から引っ張る思考――「プル型マーケティング」である。人間の目的や価値観、ものさし、欲望、夢、願望などから引き出された商品やサービスに、イノベーションを加えながら「顧客が価値ありとし、必要とし、求めている満足・感動はこれである」とするマーケティングなのである。

ブレイクスルーマーケティングは、まさに従来のプッシュ型マーケティング、シーズアウト型からプル型マーケティングに転換するものである。ブレイクスルー思考は、プル型マーケティングを具現化する思考で、多くの成功事例を創り出してきた。次に紹介する。

(2)人間からスタートする

ある日本の自動車メーカーの中央研究所から電話で「ぜひ先生にご指導いただきたい」との連絡が入った。さっそく訪問して、社長はじめ幹部の研究者一〇〇名近い方々に対して、ブレイクスルー思考の講演会を行った。その後の夕食会で、次のように言われた。

「先生のブレイクスルー思考は、われわれ研究者の目を覚まさせました。なぜかというと、われわれの研究所は研究論文数では日本有数であるにもかかわらず、なかなか実用的な技術が育たないし、研究者は博士号を取得すると外国に行ってしまう。「この研究所は、博士製造工場だ」と揶揄《やゆ》される状況になっていました。そのため、関連企業も独自の研究所を創り、研究資金が先細りになりつつあり、「どうしたものか？」と悩んでいたところなのです。どうもわれわれは、先生のいうプッシュ型マーケティングをやっていたようです」と。

この研究所は、どこの研究所でもやっているように、真実や事実を探求するために、分析して仮説を立てて事実や真実を実証し、その事実を応用して商品化するという、デカルト思考による「分析アプローチ」を用いて実証されたことを論文として発表する方法が主流であった。そのために、研究をやればやるほど論文の山が築かれる現象が起こっていたのである。ちょうど油田から出てきたオイルをパイプで運んでタンカーに積み込むように、研究をして科学的な種を生み出し、それを商品化するという、「パイプライン研究開発」と呼ばれる研究開発スタイルであり、人間の目的や価値観を忘れていることがしばしば起こっていた。

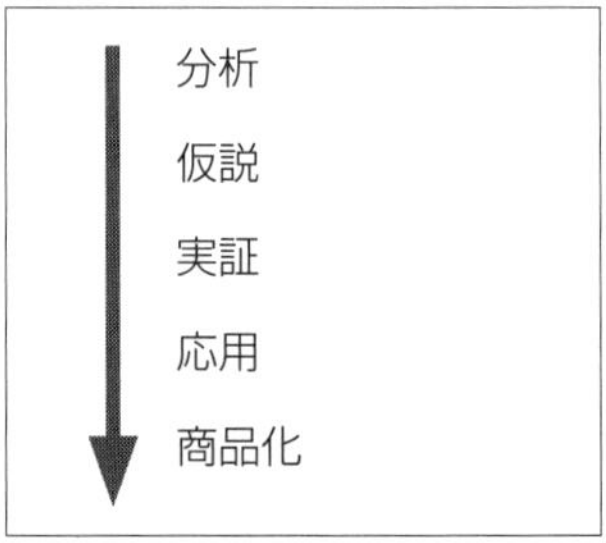

図1−1　従来の研究開発のステップ

そこで、ブレイクスルー思考の考え方をこの研究所に取り入れると、顧客である人間の目的や価値観から「あるべき姿（コンセプト）」をデザインし、そのコンセプトを実現するために必要な情報を集めて技術を開発するという、「デザインアプローチ」が重要であることが認識されるようになった。顧客である人間の潜在意識に潜むコンセプトからスタートし、顧客に気づかせ、顧客から引っ張るプル型マーケティングの誕生であるので、これを「コンセプトアウト型マーケティング」と呼んでいる。

その後、この研究所では、電気モーターとガソリンエンジンを駆動させる「ハイブリッドエンジン」という、まったく新しいコンセプトが提案された。このコンセプトは、商品化までに紆余曲折があり、コンセプトが研究所で出てから約六年経て現場の開発陣が結成され、現場の技術が結集された。約一〇年かかって商品化されて売りに出され、ヒット商品となった。地球温暖化などの環境問題が大きくなってきた現代において、新しいコンセプトのすぐれた環境対応車を世に問い、世界から注目を集め、新たな顧客を創造している。

(3) 人間に関する仮説

技術からではなく、顧客である人間の目的・価値観からマーケティ

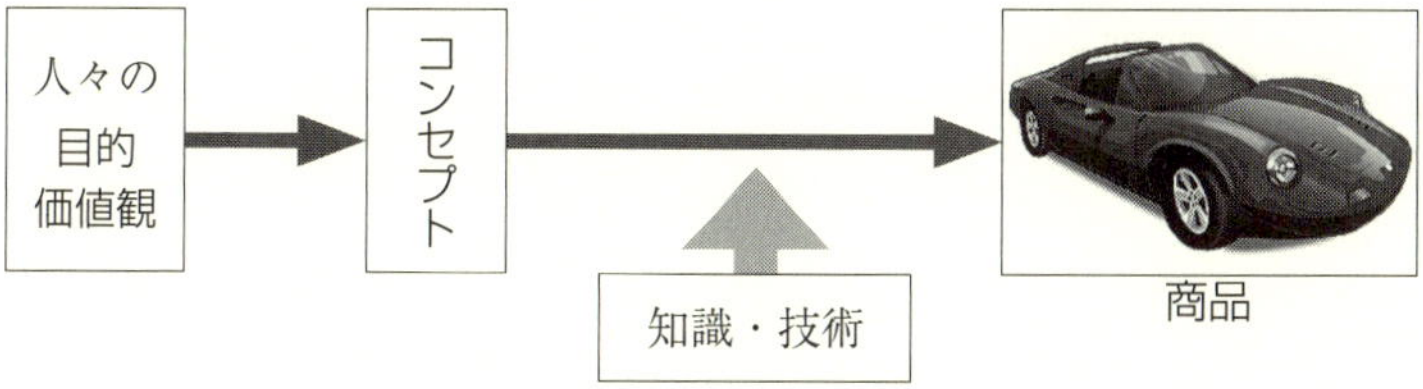

図１-２　コンセプト型マーケティング

ングを考えることが重要であるので、人間とは何であるかを考えてみることは意義がある。以下、人間に関する仮説である。

仮説1　人間は、与えられたとおりに課題を受け入れがちである。つまり、人間は、目的と価値観を十分検討することなしに、あわてて課題を解こうとする（このために、間違った課題に対して正解を出そうと努力するという第三種の過誤に陥ることになる。ブレイクスルー思考を用いて、真の課題、目的、価値観を考え抜くことが重要である）。

仮説2　人間は、与えられた目的を変更できないと信じている（ブレイクスルー思考では、目的の原則で簡単に目的を変えることを可能にする）。

仮説3　人間は都合の悪い情報に出会うと防御的になる（なぜと聞くと、犯人探しをしてしまい、人々を防御的にする）。

仮説4　人間は、つねに正しい答えは、ただ一つと考えている（「真実は一つであるので正解は一つになる」というデカルト思考の真実追究の影響を受けている。それに対してブレイクスルー思考では、解決策は無限にあるという考え方を使う）。

仮説5　人間は、他の人に操られることを好まない（それゆえ、参画させて当事者意識をもたせることが重要である）。

仮説６　人間は、「ここで創られたものでない」企画案、「自分を除外した」解決策を拒否する傾向をもっている。これを、ＮＩＨ（Not Invented Here）症候群という（それゆえ、参画・巻き込みの原則が重要である）。

仮説７　人間は、長い間につくられた目的と価値観によって行動している（それゆえ、その行動を変えることには通常困難をともなう。しかし、ブレイクスルー思考では、目的の原則で目的と価値観を変え、行動を変えることができる）。

仮説８　人間の現状認識は、人によって違いがある（それゆえ、参画・巻き込みをして、時とともに人の目的と価値観を変えていくことは意義がある）。

仮説９　人間は、変化に抵抗する（人間は、基本的に変化に抵抗する。しかし、喜んで変化する二つの条件がある。一つは、未来が明確に描かれ、自分がそちらに移ったほうが得になるとき、人々は喜んで変化する。もう一つは、参画し、自ら悟ったとき、人々は喜んで変化する。ここに参画・巻き込みの原則が重要になる）。

仮説10　人間は、革新的な解決策を選択することに積極的にはなれない。九〇％の人々が賛成する案は、他社も気づいていて遅すぎる。それゆえ、反対が多い意見には、耳を傾ける価値がある（それゆえ、決定するときに民主的多数決には疑問が残る）。

仮説11　人間は、あらゆる面で各人ユニークな特長をもっている（それゆえ、参画・巻き込みをして各人の特長を活かすことが効果的である）。

仮説12　人間は、本音と建前をもっている（建前で課題解決・企画計画はできない）。

仮説13　人間は、最高の情報源である（それゆえ、参画させるべきである）。

仮説14　組織は、同質の人々を集めがちである（それゆえ、意識的に異質の人々の参画が重要である）。

仮説15　効果的な対話の欠如が、つねに組織を悩ましている（それゆえ、ときどき信用ゲームを使った響き合う会議〔響創会議〕、響き合う経営〔響創マネジメント〕が必要である）。

ブレイクスルーマーケティング、羊飼いマーケティングは、この人間の仮説にもとづいて理論構築されている。

(4)マーケティング発展の流れ

日本におけるマーケティングの流れは、時代とともに変化してきている。一九六〇年代までは、西欧のモデルをものまねして、安い商品で勝負してきた。一九七〇年代になり、オイルショックに対して高品質の商品をつくることによって市場を席巻してきた。一九八〇年代になると、アメリカは技術を出さなくなり、日本はハイテクを求めて研究所を増設して、技術から押し出すプッシュ型マーケティングになってきた。N社のパソコンは、日本のマーケットを六〇％以上押さえていた。

ところが、一九九五年にマイクロソフト社が出した新しいコンセプトのソフトがパソコン業界に変革をもたらし、日本のパソコンもその軍門に下らざるをえなくなった。いわば、コンセプトアウト型マーケティングの出現である。人間の目的や価値観からコンセプトを創り、必要な技術を開発して、顧客を創るプル型マーケティングの登場である。ここに「ブレイクスルーマーケティング」「羊飼いマーケティング」が登場することになるのである。最初に取り上げたジョブズ氏のiPhoneやiPadも、この世に新しいコンセプトを提案して多くの顧客を創造し、アップル社を世界有数の企業に育て上げたのも、もちろんコンセプトアウト型マーケティングであることはいうまでもない。

(5) 新しいマーケティングの台頭

このコンセプトアウト型（プル型）マーケティングのアプローチを考えてみる。

第一フェーズは、技術でも情報でもなく、顧客である人間に焦点を当てることである。誰が関与して、誰が主役で、誰が真の顧客か？

第二フェーズは、主役たる顧客の「目的、その目的、その目的」「価値観」「ものさし」「目標値は何か?」を明確にすることである。

第三フェーズは、その目的、価値観、ものさし、目標値を達成できる「新しいコンセプト」「あるべき姿」をデザインすることである。

第四フェーズは、その「コンセプト」「あるべき姿」を実現できる技術開発、または目的的情報の収集が必要である。

要するに、技術を開発してそれを応用するのではなく、人間からスタートしてコンセプトを創り、それを実現するために目的に合った技術開発や情報収集を行うことが重要である。まだ多くの人々は、技術からスタートする「シーズアウト型マーケティング」から抜け出せないが、乱気流時代のマーケティングは、コンセプトアウト型に切り替えることが必要なのである。

以上の四つのフェーズで、顧客を創造する「革新的な商品やサービス」を創ることはできる。しかし、ここで注意してほしいのだが、流通させるためのマーケティングシステムも、再度ブレイクスルー思考で考えて実行しないと成果は出ないのである。

ある会社では、筆者のもとで「コンセプト」ができたときに、「次回までに試作機ができますか?」と尋ねたら、「はい、やってみましょう」と心地よい返事があり、二週間後にうかがったときには新しい商品ができ上がっていた。

この会社の蓄積された技術力が、すぐれていたからこそ、二週間で新商品としてコンセプトがカタチになったことはいうまでもないが、商品化されたからといって、簡単に世の中に流通してヒットするわけではない。犬笛を吹き、犬を吠えさせ、羊を走らせる「羊飼いマーケティング」が重要になってくる。

そこで、この会社では、それをどのように流通させるかというマーケティングシステムを、営業部やマーケティング部が中心となり、再度ブレイクスルー思考が使われてデザインされ、実行に移された。そして、流通の面でも顧客の目的や価値観を見事にとらえ、「大ヒット商品」として新たな顧客を創造することになった。

４　デカルトマーケティングとブレイクスルーマーケティング

アメリカの保険会社の社長から国際電話があり、ブレイクスルーマーケティングで日本進出を計画したいので手伝ってほしいと依頼が飛び込んできた。次の会話は、その一部始終である。

ｐ：こんにちは、日比野先生ですか？　私は、アメリカのＡ保険会社のＣＥＯです。ナドラー教授からの紹介で電話をしました。じつは、私どもは近い将来、日本に進出したいのですが、日本のコンサルタントに相談したら、六カ月のマーケティング調査、六カ月の分析期間、六カ月のマーケティング戦略立案期間が必要で、見積もりは五億円とのことでした。費用は問題ではありませんが、一年半の戦略立案期間は、マーケティングとしては致命的です。そこで、ナドラー教授に相談したら、日比野先生に相談したらということでした。先生、相談に乗ってくれますか？

H：はい、日比野です。その方法は、従来のコンサルタントのやり方ですね。デカルト以降のマーケティングのやり方では、この乱気流時代では、間に合いませんね。ぜひ一緒にやりましょう。ブレイクスルー思考を用いたブレイクスルーマーケティングで戦略を練れば、一週間で素案を創ることができますので、半年もあれば準備が可能ですね。……

ということで、成田空港の近くのホテルでマーケティング戦略会議をすることになった。まず、マーケティング調査ではなく、参画巻き込みの原則を使い、一三人の専門家に集まってもらって彼らのもつ生きた情報――〝ホット情報〟を最大限に活用することにしたのである。日本の保険業界の専門家や法律の専門家、日本の行政専門家など、一三名の専門家と海外の専門家に集まってもらい、〝集合天才〟を結成したのである。そのうえで、目的の原則（目的展開の原則）を用いて目的を洗い出し、未来のあるべき姿を語り合い、日本に適する「保険商品」のリストをつくり、響き合う会議――〝響創会議〟を行ってまとめ、次の週にアメリカからCEOを招いてプレゼンしたのである。CEOは「わずか一週間で、こんなすばらしい戦略を立案できるブレイクスルー思考は脅威ですね」と驚きの声を上げ、さっそく実行に移っていった。その後、例外事項にも対処する対策を考慮しながら、六カ月間という短期で、契約書の作成、人材研修、営業網の確立などの準備を進めて、日本進出を果たしたのである。

この事例は、従来のデカルトマーケティングが、膨大なデータを収集分析するために、時間と費用が巨大化するなど、乱気流時代には合わなくなってきていることを示す事例である。一方のブレイクスルーマーケティングでは、段階を経て短期間に成果の出る戦略を打ち立てることができることを実証したものになっている。

まとめてみると、

第一フェーズでは、人間からスタートして、一三名の集合天才を結成し、〝ホット情報〟を用いた。

第二フェーズでは、日本での「保険の目的」と価値観、ものさし、目標値を響創して、まとめ上げていった。

第三フェーズでは、目的に対してあるべき未来の解決策「未来解」をつくり上げていく〝響創会議〟を行った。

第四フェーズでは、例外事項も考慮に入れた実施するための案――生きた解決策「生解」をまとめ上げた。

COLUMN

響創会議と集合天才とは

・響創会議とは、響き合って解決策を見つけ出す会議のことで、ブレーンストーミング会議もその一つである。会議のルールは、

1　信用ゲームを使う。すべてを肯定せよ。

2　独創してから、響創する。

3　他人のアイデアに便乗し、相乗効果をねらう。

4　解決策は無限。

・集合天才とは、個人としては凡人でも、集まって響き合えば「文殊の知恵」が生まれ、天才になるということで、独創・響創の重要性を示唆している。いかに人々を参画させ、巻き込むかがポイントである。

この四つのフェーズを、わずか一週間で「進出戦略」にまとめ上げ、前述したようにCEOから絶大な評価を得て、結果として日本の保険業界に大きな影響を与えることになったのである。

賢問2　デカルト思考は、疑惑ゲームを使ってディベートを奨励する。ブレイクスルー思考の響創とは、何が違うか？　また解決策を探索するにはどちらをとるべきか？

第2章　デカルトマーケティング

羊飼いマーケティングを考えるためには、今一度、先人が開発した従来のデカルトマーケティング理論を振り返る必要がある。「はじめに」で述べたように、ここでいう「デカルトマーケティング」とは、従来のデカルト思考で考えられてきたマーケティングを総称することとする。これらは当然、今なお有効なものもあり、今の乱気流時代の「マーケティング戦略」を考える際にも必要であり、基本的な言葉を提供してくれ、「考える力」を倍増してくれる。

1　マーケティングとその発展経緯

個人や企業は、テレビや冷蔵庫、机、ＰＣなど、基本的な生活で必要とされる商品やサービス（ニーズ）をとりそろえたいと考えているし、社会的なステイタスに関連する貴金属や高級車などの欲求（ウォンツ）をもっている。

マーケティングとは、これらのニーズやウォンツを満足させることができる商品やサービスを創造する活動である。すなわち、商品やサービスの新しい企画やコンセプトの立案、価格の設定方法、輸送や流通、およびプロモーション（販売促進活動、ＰＲなど）のやり方について、その計画と実行のためのプロセス全体がマーケティング活動である。簡単にいえば、「商品やサービスを顧客に届け、リピーターとさせる活動」と考えたらよい。

この活動においては、激変する社会情勢と多様化する顧客心理を適切につかみとり、顧客の真のニーズや、欲求（ウォンツ）を自社の商品開発と流通戦略に活かしていくことが重要となっている。現代は、強引な販売活動によっても、高い技術をもってしても、成功することは難しい時代となってきている。とくに最近は、ＩＴやネットワーク技術の急速な進歩を受けて、マーケティングの姿は大きく変貌してきている。すなわち、従来の大衆全体をターゲットとしたマスマーケティングから、ネットワーク技術を駆使して個々の「個客」を直接ターゲットにした「One to One」マーケティングが、本流になり始めている。顧客は、類似した商品を比較するための多くの情報を容易に得ることができる。一方で企業も、各顧客の購買行動や生活スタイルのデータを大量に入手できるようになってきている。

このような高度な情報化にあっては、顧客満足・顧客感動を中心軸においた顧客志向の企業活動を実現させることのみが成功のカギとなる。そのために企業は、「顧客」を中心としたマーケティング活動を主軸におき、自社内の人事や経理、営業、製造など、さまざまな組織の

COLUMN

満足と感動の違いは何？

ある自動車会社の社長が、新年の挨拶で「今年は笑顔!!」を訴えていた。読者の皆さんは、この意味が説明できるであろうか？

これは、満足と感動の違いがわかれば、すぐ理解できる。

マーケティングの分野でも「顧客満足」が重要なキーワードであるが、本当に「顧客満足」で、客はリピーターになってくれるのであろうか？

「満足」とは、左脳で理解するもので、満足を求めてマーケティングをすると、人々は「まあいいか」と納得するが、リピーターにはなってくれない。「感動」は、右脳で感ずるもので、「期待を超えたときに」思わず感動し、“感涙する”のである。顧客が感動してはじめて顧客満足になるので、いかに顧客を感動させるかに注目すべきである。自動車会社の社長は、感涙までは求めていないが、皆が少し笑顔になって、「満足以上」になってほしいと訴えていたのである。

調整や再編を余儀なくされているのである。

賢問３　どのように顧客感動を得るシステムを創るか？

２　マーケティング計画とマーケティングミックス

マーケティング活動を行っていくうえでは、活動を行う組織のメンバー全員が共有できる計画を立てることが重要である。まず企業が現在置かれている状況を把握し、将来的にめざすべき方向性と数値目標、戦略方法に関する一連の計

表2-1　マーケティング計画の策定プロセス

プロセス	検討項目	活動の目的
①マーケティング環境の分析	環境分析 PEST 分析 SWOT 分析 クロス SWOT 分析 5 FORCES バリューチェーン	○新規商品開発のための市場機会の探索 ○外部・内部環境の把握 ○投資収益率、シェアなどの目標の設定と部門間での共有
②ターゲットの設定と差別化戦略	STP： セグメンテーション ターゲティング ポジショニング	○ターゲートとすべき顧客や商品イメージの選定 ○差別化方策やマーケティングミックスの指針策定
③マーケティングミックスの設定	マーケティングの 4P 1　商品開発 2　価格決定 3　流通チャネル構築 4　プロモーション戦略の策定	○ポジショニングの差別化指針にもとづくマーケティングの 4P の策定
④実行計画の立案と実施	時間軸に沿った行動と目標管理	予算配分、生産ライン確保、取引関係など

画を組織全員で考えて共有することは、組織の力を最大限に引き出し、効果的に活動を進めるうえでも重要である。

ここで、マーケティングの計画プロセスを表2-1にまとめる。マーケティング計画は、まず自社と外部の市場環境を状況分析することで、新規商品開発にとっての市場機会や自社の強みや弱み、脅威を把握して、マーケティング目標を設定する。それをもとにターゲット（地域や年齢層など、標的市場とすべき市場や新商品イメージ）を見定める。

表2-2　マーケティング活動の4P（マッカッシーの4P、1960）

4P	検討や決定すべき項目または活動項目
商品（Product）	性能、機能、スタイル、ネーミング、パッケージなど
価格（Price）	原価、顧客価値、競合価格、値引きなど
チャネル（Place）	販売エリアと数、チャネルの長さと政策、小売形態など
プロモーション（Promotion）	PR、広告、パブリシティ、人的販売、販促など

同時に、どのような差別化と優位確保ができるか、新商品のポジショニングを明確にしたうえで、マーケティングミックスの活動を行っていくための行動計画を立案する。この計画は予算や期間を考慮する必要がある。また、計画プロセス全体は随時フィードバックされて、より最適な方法へと改善に努めることになる。それぞれのプロセスにおける検討項目の詳細内容は次節以降で説明する。

表2-1-③にあるマーケティングミックスとは、マーケティングとして代表される活動の4P（製品、価格、チャネル、プロモーション）の組み合わせのことである。これらはマッカシーの4Pともいわれるが、それぞれの活動または検討・決定する項目を表2-2に示す。

ターゲットとなる市場でのニーズをとらえ、自社製品やサービスを利用してもらうには、これらのマーケティング手段を最適に組み合わせたマーケティングミックスとしての活動を行っていくことが重要である。

賢問4　激動する乱気流時代において、状況分析している間に世の中が変わってしまうことが考えられる。本当に状況分析から計画をすべきか？

●事例　A社の緑茶飲料の4P

二〇〇四年にA社から発売された緑茶飲料「寿之介」（仮称）は発売当初から大ブレイクし、翌年にも年間一〇〇〇億円を販売する大ヒット商品となった。この寿之介の4Pをみてみよう。

商品（Product）　商品について、煎れたての風味から醸し出される「日本的スローライフに戻れる飲み物」というコンセプトを考えた。これを実現するために、二〇〇年以上の歴史をもつ京都の老舗茶商、御茶園（仮称）と提携して緑茶飲料を共同開発することにした。また、当時加熱殺菌が普通であったお茶飲料において、高温で加熱しなくても殺菌可能な非加熱無菌充填技術、石臼引き茶葉、粉末処理技術などを、煎れたての味を出すには不可欠として開発した。

しかし、非加熱無菌充填の開発には巨額のコストがかかったため、本当にこれだけの技術が必要なのか、売れるかどうかわからないものにこれほどのコストをかけられるかなど、開発部門、生産部門、経営陣との間で激論が交わされつつ、技術開発するに至った。

価格（Price）　飲料水市場は通常、慣習価格と呼ばれる価格設定で行われる。寿之介の価格もペットボトルであれば、三五〇ccで一二〇円、五〇〇ccであれば一五〇円の一般的な慣習価格の設定がされた。

流通チャネル（Place）　A社がもつ販売網を活用し、五〇〇mℓ、二ℓ、三〇〇mℓのペットボトル、AS缶、二四五g缶、二五〇mℓ紙パックの六種類を製品ラインとして、二〇〇四年三月に全国発売された。しかし、発売直後からあまりに売れすぎたために生産が追いつかず、わずか四日目に出荷停止せざるをえないほどであった。その後、増産体制を整えて、四月二〇日に一都一〇県から販売を再開し、六月からは、東海、北陸、近畿エリアに販売エリアを拡大、七月から再び全国販売するというチャネル政策をとった。この期間において、発売当初の生産拠点は六工場であったが、六月までに一一工場に拡大して増産する処置がとられた。

プロモーション（Promotion）　消費者が飲んだ瞬間に、古きよき日本的スローライフな時代が感じられるようなプロモーション計画が以下のように練られた。

・パッケージ……昔は竹筒のお茶で弁当を食べていたという着想から、竹筒をイメージしたペットボトルを開発した。

・ネーミング……お茶の風味と竹筒のペットボトルにしっくりくる名前が何百と検討された。その中での御茶園の創業者に由来のある「寿之介」と「新日本茶」が残った。これらの名前を使った製品を、グループインタビューの消費者調査で被験者に選んでもらったところ、圧倒的に評判がよかった「寿之介」に決まった。

・テレビＣＭ……伝統ある暖簾を守り、茶づくりの仕事にこだわり続ける創業者とその傍らで主人を支え続ける妻の夫婦愛が漂う世界観を演出することで、古きよきスローライフな時代を表現することをめざして製作された（＊参考文献　峰如之介（二〇〇六）『なぜ、伊右衛門は売れたのか。』すばる舎）。

賢問5　マーケティング活動の事例を寿之介のマーケティングを事例として整理した。この内容であなたは満足ですか。もっと知りたいと思うことはありませんか。その答は第4章の羊飼いマーケティングの章にあるかもしれない。

ヒント　①これまで日本人が飲んだことのないお茶をつくる。
②日本人がお茶を飲む潜在的な目的、ニーズを徹底的に探った。
③目的にもとづいて必要な技術開発が行われ、困難や反対意見を克服した？
④なぜ日本的スローライフにこだわったのか？

3　マーケティング環境と環境分析

表2-1で示した各策定プロセスの詳細について以下説明していくが、ここでは状況分析（自社をとりまく環境とその環境分析）について説明する。

企業組織をとりまく環境には、内部環境と外部環境がある。内部環境は、企業内の製造部門、研究開発部門、財務部門、人事部門などからなる。

外部環境は、競合他社環境、市場・顧客環境、および個々の組織ではコントロールできないけれども市場と企業活動に影響を及ぼすマクロ環境からなる。

このマクロ環境は、法的・政治的環境、経済的環境、社会・文化的環境、自然環境、技術的環境等からなり、これらは市場や顧客環境をとりまいて、企業や競合他社の活動に大小の影響を与えている。

したがって、刻々と変化する外部環境から機会と脅威を読みと

表2-3　自社企業をとりまくマーケティング環境

企業内環境	マーケティング部門　研究・開発部門、 製造部門、財務部門、 人事部門
企業外関連組織環境	調達業者、下請業者、流通業者、物流業者、金融・保険業者など
市場・競争環境	競合他企業、顧客
マクロ環境	法的・政治的環境、経済的環境、社会・文化的環境、自然環境、技術的環境

り、企業内部の強みと弱みを鑑みて、もっとも有効な企業戦略や新製品開発を行うことが成功のカギとなる。

また、このような環境分析には、以下の(1)PEST分析、(2)3C分析、(3)SWOT分析、(4)バリューチェーン、(5)5FORCESがよく使われる。

(1)PEST分析

PESTとは、以下の四つの単語の頭文字をとった造語で、これらをマクロな外部環境を考えるうえでのフレームワークとする。これらの事項を念頭において、とくに自社の戦略に影響を与える外部環境をもれのないように検討する。

Politics（政治的環境）……法制度、税制、予算措置
Economics（経済的環境）……為替レート、物価、景気動向
Society（社会的環境）……人口動態、文化、流行、自然環境の変化
Technology（技術的環境）……新技術の開発動向、特許

(2)3C分析

ここでいう3Cは、以下で示す経営戦略にしばしば用いられるフレームワークである。

Company（自社環境）……自社の経営資源、市場シェア、収益性、技術開発力

Customer（顧客環境）……市場規模や成長性、顧客のニーズ動向

Competitor（競合他社環境）……競合他社の能力、技術水準、新規開発動向、参入障壁、戦略

(3) SWOT分析

SWOT分析は表2-4のように、自社の強み、弱みと外部環境の機会、脅威を表にまとめて、それぞれの環境変化が今後の商品開発にとっての機会として受けとめられるか、または企業にとって脅威となるかを分析するものである。

(4) バリューチェーン

企業の内部環境を主活動（購買物流、製造、出荷物流、マーケティング・販売、サービス）と支援活動（企業インフラ、人的資源管理、技術開発、調達活動）に区分し分析する枠組みである。この枠組み

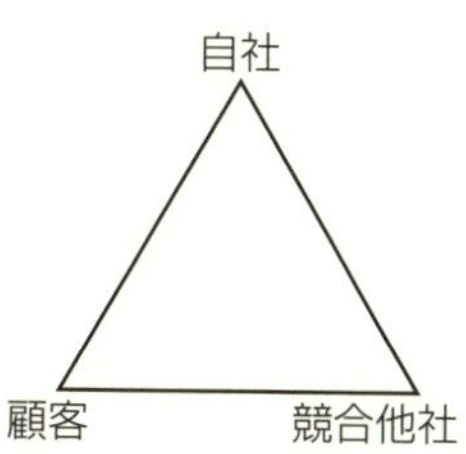

図２-１　3C

表２-４　SWOT 分析表

	＋の影響	－の影響
内部環境	S（Strength） 強み	W（Weakness） 弱み
外部環境	O（Opportunity） 機会	T（Threat） 脅威

の構成は事業によって変わる。企業の主活動においては、価値（バリュー）が付加されていくが、これらの付加価値をつける活動が効率よく連鎖していくことが企業の利潤を生み出し、競争力を高めることになる。

(5) 5FORCES

業界の競争的構造の分析には、五つの競争要因分析（5FORCES）がある。各要因は次の五つで、その関係は図2-3に示されている。

①競合他社との競争関係
②売り手（サプライヤー）の交渉力
③買い手（ユーザー）の交渉力
④新規参入の脅威
⑤代替商品・サービスの脅威

市場では競合他社との競争がある。原材料費な

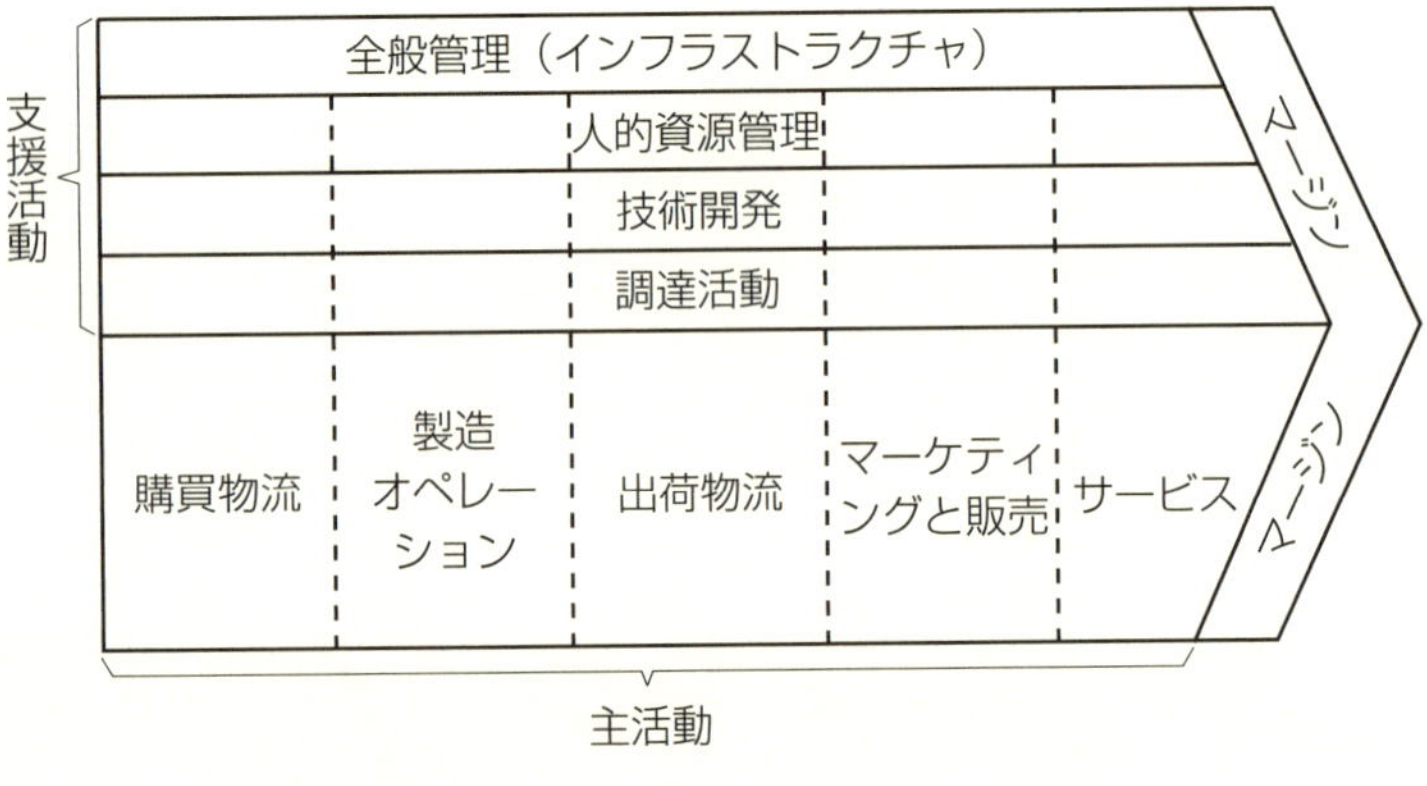

図2-2　バリューチェーン

M.E. ポーター／土岐坤訳（1989）『競争優位の戦略――いかに高業績を持続させるか』ダイヤモンド社を元に作成

ど供給者が少ない場合は売り手の交渉力が強くなる。競合商品が多い場合や商品価値が下がった場合などは、値引きで対応せざるをえないなど、買い手の交渉力が高まる。魅力的な市場ほど新規参入の脅威を受けている。FAXがメールに置き換わるなどの代替可能な製品の登場にも留意する必要がある。

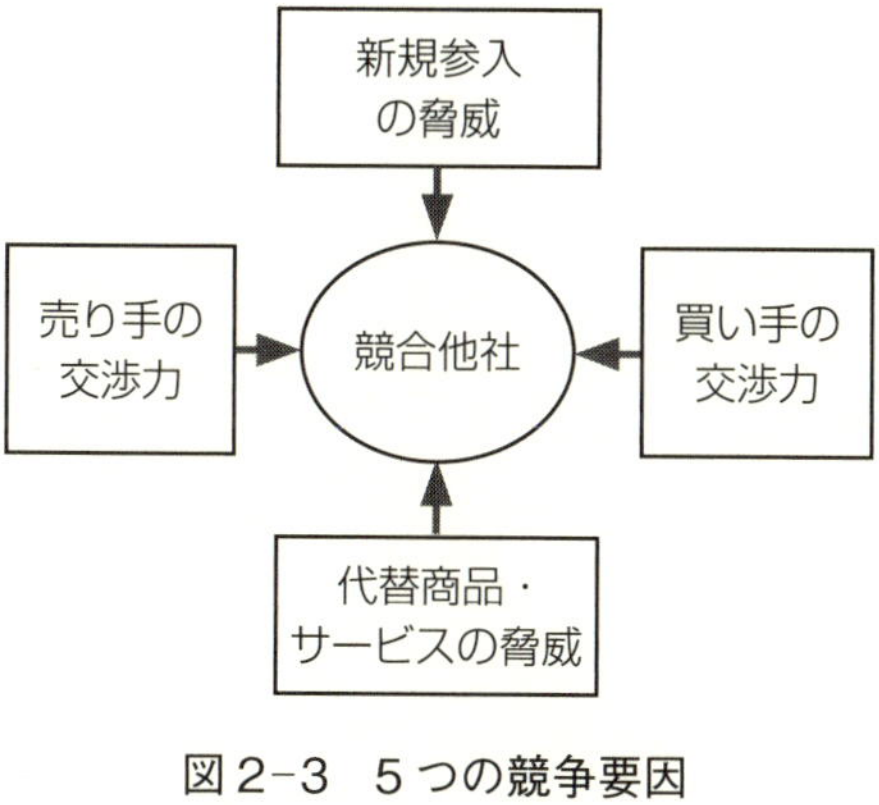

図2-3　5つの競争要因

●事例1　二〇一一年、ある電機メーカーの社員のPEST分析――3C分析例

ある電機メーカーの社員が二〇一一年度においてPEST分析を行ったところ、以下のようになった。

P（政治的環境）……TPP（環太平洋戦略的経済連携協定：自由貿易協定）　震災復興予算

E（経済的環境）……ヨーロッパ金融危機と世界不況　円高

S（社会的環境）……東日本大震災　電力不足　高齢化　環境志向

T（技術的環境）……省エネ技術の高度化　長寿命電池

の開発

次に前述のマクロ環境の変化が3Cにどう影響するかを考えた。

自社分析……電機会社　技術力あり—電力使用量大　材料費大きい

顧客分析……需要の冷え込み　省エネルギー志向　防災志向

競合他社……さらなる省エネルギー製品へ移行

この結果を今後の会社の戦略にどう活かせばいいか考えたら、次のようなものが出てきた。

・超円高状態で輸出がかなりの損害を受けているが、材料費が安くすむので、そのぶん高い技術の製品を低価格帯にして勝負できるか？

・これまで以上に省エネルギー製品が求められている。災害時にも対応できる防災型省エネルギー製品に活路はあるか？……

……でも、何かが十分わかっていない気もする。これだけでいいのだろうか。

●事例2　電機メーカー社員（事例1のつづき）

電機メーカー社員はPESTと3C分析の結果を参考にして、さらにSWOT分析をやってみたところ、表2-5のようになった。

やってみると、単なるマクロ環境の変化であったものが、自社にとって優位に働く機会なの

表2-5　ある電機メーカー社員のSWOT分析

	＋の影響	－の影響
内部環境	〈強み〉 ・技術力有り ・研究開発部が元気	〈弱み〉 ・輸出依存型経営 ・材料費大
外部環境	〈機会〉 ・さらなる省エネルギー指向 ・震災復興予算 ・長寿命電池の開発 ・材料を安く輸入可 ・防災志向	〈脅威〉 ・円高、輸出の落ち込み ・大震災　電力不足 ・世界不況 ・TPP

か脅威になるのか、また自社の強みと弱みは何かについてより深い考察ができることに気がついた。この段階で上司に話したところ、そこそこいい感触であったが、さらに以下のクロスSWOT分析と呼ばれる分析を行うことを指摘された。

(6) クロスSWOT分析

これは、SWOT分析した内容について、以下の視点で再度組み直したり付け加えたりして分析を深めるものである。

①自社の強みを活かして市場の機会を取り込む。
②自社の強みで市場の脅威を克服する。
③市場の機会の獲得のために自社の弱みを克服する。
④市場の脅威と自社の弱みが重なった最悪の事態を免れる。

この社員はこれらの項目で考えると、最初は脅威だと

表2-6　クロスSWOT分析

	＋の影響	－の影響
内部環境	〈強み〉 ①自社の強みで、市場の機会をつかむ ②自社の強みで、市場の脅威を克服	〈弱み〉
外部環境	〈機会〉 ③市場の機会を獲得＞自社の弱み克服	〈脅威〉 ④脅威と弱みの最悪事態を克服

思ったことも機会にすることができるなど、今後の企業戦略を考えるうえで大変有益だと思った。

　この電機メーカーの若い社員は、気が弱いタイプだったが、このような分析で自分の立ち位置が少しわかった気がして、自分自身が成長した気分になった。しかし、それでも何だか足りない気がする。「この気持ちはなんだろう？」とどこか引っかかった。そんなことではあったが、この社員は日々の忙しさに流されて、忘れてしまった。

賢問6　若い電機メーカー社員が何だか足りないと感じたものは何か？　そのような心残りは、本人は気づいていない場合が多いが、じつは重要なものを含んでいたりするものだ。

賢問７　３Ｃ分析で、競合他社と比較するメリット・デメリットは何か？　真の競争相手は、「顧客である」という意見に対して、あなたの意見は？

４　市場細分化とターゲットの設定・差別化

企業の経営資源（生産力、資金力、販売力など）には限りがあり、顧客のニーズも多様化していることから、企業は市場のニーズのすべてに応えることはできない。創業から現在まで生き続けてきた企業は、標的市場の選定や差別化の戦略を描いて実践し、そして変化に対応してきたはずである。

顧客のニーズや市場をさまざまな指標・軸で細分化して、顧客の多様なニーズや、商品に対する評価などを整理し、標的とするセグメント（標的市場）を選別する。ここに経営資源を集中させることで、焦点を絞った効果的なマーケティング活動を進めることが重要となる。

そして選択された標的市場において、より強い商品・サービスを投入するためには、競合商品に対して有利な差別化を図り、独自の商品・サービスを創造していく取り組みが必要である。

よって、ここでの手段は以下のようなセグメンテーション、ターゲティング、ポジショニングの三つの活動になる。

(1)セグメンテーション……市場をさまざまな切り口で特徴を明らかにする市場細分化（セグメント化）
(2)ターゲティング……細分化された市場のどこの標的市場に参入するか
(3)ポジショニング……競合他社の中で、自社の商品やサービスをどう差別化するか

(1)セグメンテーション（市場細分化）

以下に示すような指標・軸を基準として市場を細分化（セグメント化）して、各セグメントの特性を明らかにするとともに、標的とする市場を絞り込む。

表2-7で示したように、市場は年齢や性別、職業、家族構成、ライフスタイル、地域、地形、気象条件などで異なる選好をもち、ニーズやウォンツが違っている。市場は無数に細分化（セグメント化）

図2-4　市場の構造　セグメンテーションとターゲティング

表2-7　市場細分化のための指標

属性指標	年齢、性別、所得、世帯人数、教育水準、職業、人種、宗教など
地理的指標	国、地方、行政域、人口、気候、地形など
心理指標	選好、ライフスタイル、性格、保守・革新的、社交的など
行動指標	購買行動、利用頻度、経済性、PRに対する反応など

できるが、もっとも自社の商品が受け入れられそうな細分化市場を標的市場として、マーケティング活動を効果的に展開する必要がある。最近よく利用されている方法として、顧客の行動に注目した行動セグメンテーションがある。

●事例　行動セグメンテーションの例

あるコーヒー会社の事例によって考えてみよう。

あるコーヒー会社はヒット商品となる新しいコーヒーを探していた。そこで自社コーヒーを飲んでいるユーザー（客）を調査したところ、全ユーザーのうち、毎日一本以上飲んでいるヘビーユーザーが二割、一週間に一本以上飲んでいるミドルユーザーが三割、一カ月に一本以上飲むライトユーザーが五割という割合であった。

しかし、もっと調べると、一日の総売上本数のうちの八割が、二割のヘビーユーザーが飲んでいることがわかった。それでこれらのヘビーユーザーがどういう属性の人かを細かく調べていくと、外回りの人や工場労働者の

人が、とくに甘味の強い味のコーヒーを飲んでいることまで突きとめた。その後、この会社は、そのような属性の人の市場を標的市場として、さらなる顧客調査と商品開発、およびそのような人の気を引くプロモーション方法を工夫して、マーケティングミックスの活動を展開して、ヒット商品を生んだ。

賢問8　ここでヒット商品を開発できた要因を三つ以上あげよ。

(2) ターゲット（標的市場）の選択とマーケティング（ターゲット・マーケティング）

ターゲットとなる標的市場を選定する。新商品開発の場合は、ターゲットとする顧客や商品イメージも明らかにしていく。

そして、企業が掲げる目標と制約のある経営資源を考えながら、どの市場セグメントを選択してマーケティング活動を行っていくかを考える。すなわち、市場セグメントの規模や収益性、リスク、成長性等を考慮しながら、単一または複数、あるいは全体を表2-8のように標的市場として選択してマーケティング活動を行う。

賢問9　「万物はユニークな違いがある」とみると、どんなマーケティングが有効か？

表２−８　ターゲット・マーケティングの分類

無差別型マーケティング	市場全体を無差別に単一の商品を同じマーケティング手段で展開
差別化型マーケティング	複数のセグメントを選択し、セグメントごとに特性に合わせてより受け入れやすいように別個の商品やマーケティングを展開
集中型マーケティング	もっとも有利なセグメントの一つ、または少数に対して集中的にマーケティング
エリア・マーケティング	地域によって違うニーズに対して地域の特性に合わせたマーケティング活動
グローバル・マーケティング	資源（価格、品質）、生産（労働の質とコストなど）、販売（所得、消費性向など）の点を考慮して全地球的規模でもっとも有利な世界の国々を追求し、展開する。たとえば、グローバル戦略車
ニッチ・マーケティング	大手企業が対象としない隙間産業や適地で、中小企業が収益を上げていくマーケティング活動
インターネット活用・マーケティング	新商品開発、意見収集、価格（オークション）、広報・PR、マーケティングリサーチについて、積極的にインターネットを活用する新たなマーケティング活動

(3) 市場ポジショニング

標的市場のセグメント内での競合他社の戦略を検討して、市場内での自社商品の差別化を検討し、戦略的位置づけを明確化する。このポジショニング結果は次のマーケティングミックスの各活動の方向性を与えるものにもなる。

例として、図２−５にあるお茶飲料の市場ポジショニング図を示す。ポジショニングについて考えるとき、しばしばこのような図を作成して考える。このポジショニング図からは、このお茶市場では渋みが強いと甘味が少なく、甘味を強くすると渋みが弱くなる商品

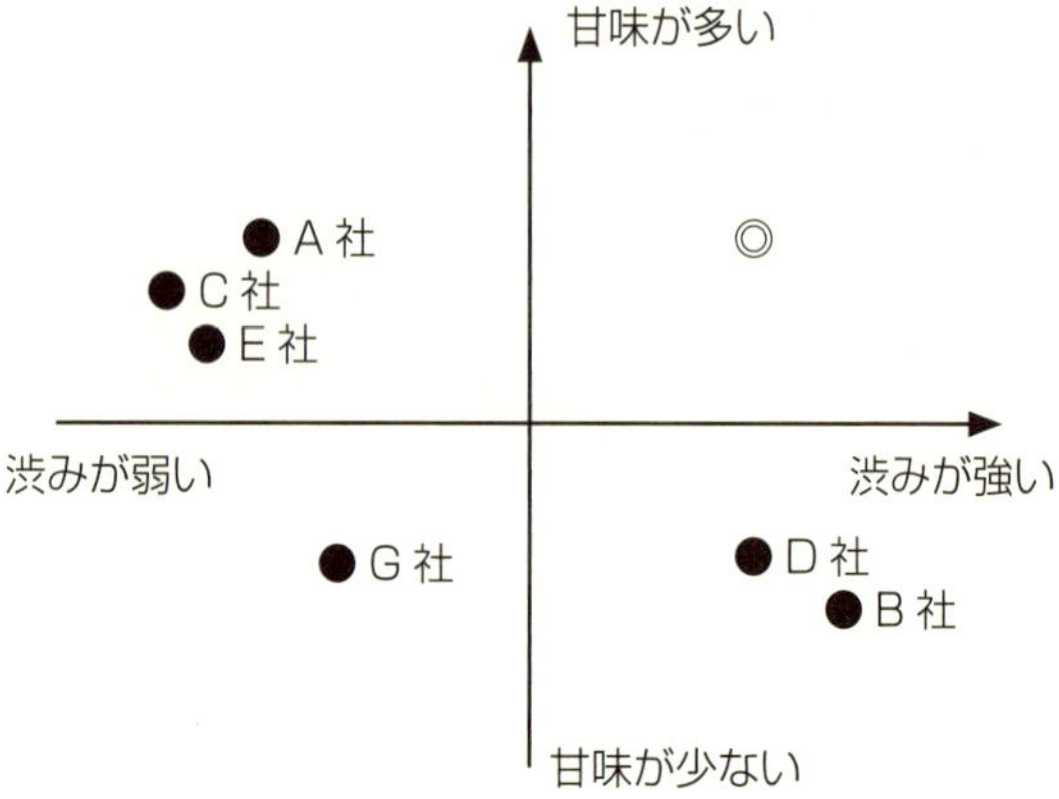

図2-5　市場ポジショニング

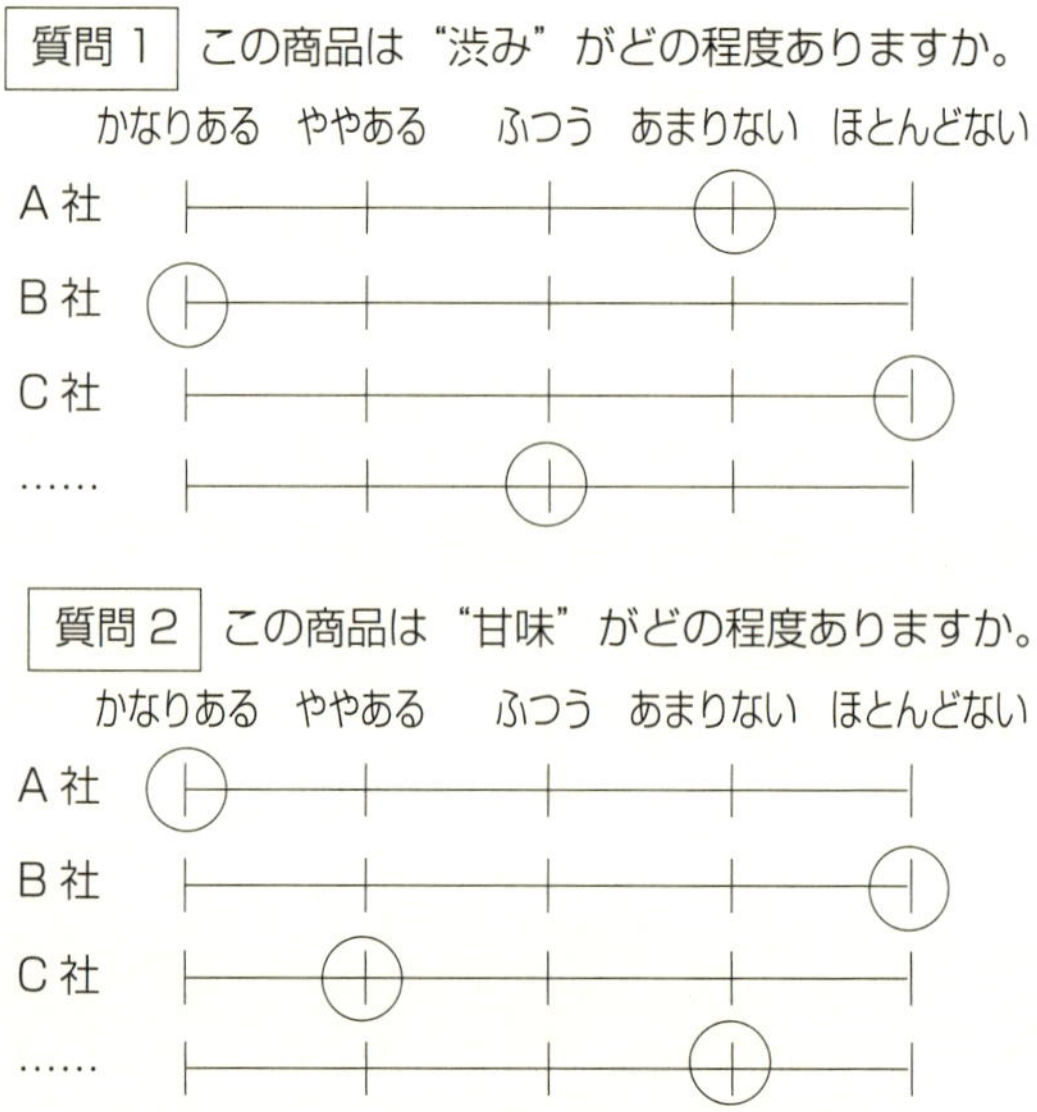

図2-6　ポジショニング調査票例

になる傾向を読みとることができる。図中のA社では、もともと甘味を出す製法を考案していたが、お茶本来の渋みを残しつつ甘味が出る市場（図の◎）が競合相手も少なく、魅力的な市場として考えられたためこの市場に投入できる商品開発を行うこととした。

さて、この図は簡単な調査票例として、図2-6のような五段階評価のアンケート調査票を、軸となる渋みと甘味ごとに顧客に答えてもらって作成する。顧客の属性（性別、年齢、職業など）によって、また、軸にとる指標によって結果はまったく異なることに注意しなければならない。

賢問10　図2-5のポジショニングの考察で抜け落ちていることは何か？

５　マーケティングリサーチと目的的情報収集

(1)マーケティングリサーチの手順

マーケティングリサーチは、顧客のニーズや市場環境を調査分析することで、新商品の市場調査やプロモーション計画など、企業のマーケティング戦略を練るために行われる。

マーケティングリサーチの手順をまとめると、次のようになる。

①調査方法の立案……既存データの活用、新規データの調査方法
②対象地域とサンプリング……全数調査とサンプル調査
③取得データの集計・分析

一次データ……設定された特定の問題や課題に対処するために独自に収集されるもの
二次データ……官公庁等で他の目的や用途のために収集されたもので利用可能なもの
④報告書の作成と追跡調査
マーケティングリサーチでは、分析したい内容について既存データに利用できるものがあれば利用するが、そうでなければ新規にデータを入手する。調査の対象地域を決めて、対象地域のすべての人を対象とする全数調査か、一部の人を対象とするサンプル調査かを決める。一般には全数調査を行うのは難しいので、サンプル調査をして全数の予測を統計的に推測する。

(2)全数調査とサンプル調査、および統計的推測

ある七つの学科をもつ大学の学部三年生一〇〇〇人の就職活動を調査して今後の就職支援について考えたい。一〇〇〇人全員に調査票を配って回収できれば全数調査になるが、全員に調査票を配布するのも全員から回収するのも大変な手間であり、またそこまでして完全なデータをとらないといけない調査ともいえない。そこで、この同学年のマーケティング講義を受講している一〇〇人の学生をサンプルとしてサンプル調査することにした。調査項目は三年生一二月の時点で、以下のどの段階まで活動しているか聞くものである。

1．何もしていない　2．就活セミナーに出席はした　3．HPで応募した

4．会社説明会に出席した　　5．希望企業で面接中である

結果、上記1から5の順に、それぞれ四〇％、二五％、二五％、九％、一％となった。この結果から、全学一〇〇〇人の学生の調査結果を推測することになる。一般にはサンプル一〇〇人から得たこの結果を全学の一〇〇〇人で調査するときと同じ結果であるとして用いることが多いといえる。

しかし、このようなサンプル調査では、次のことに気をつけないといけない。

①データはランダムに収集されているか？　サンプルの集団（標本）が全学科（母集団）と同じ性格をもっているか？

②データ数は十分か？

①については、この講義がある一つの学科（たとえば都市学科）のためだけの講義であるとすると、この結果は、他の電機学科や機械学科の学生まで反映するには偏りのあるデータとなるので問題がある。サンプルとなる集団は全数の集団と似たような性質をもつように注意をしないといけない。この講義は全学科からランダムに受講してきているのでこの点は問題ないことがわかる。

②については、たとえばマーケティング講義が三人しか受講していなかったとしたらどうだろう。三人の結果は、全員「何もしていない」になるかもしれない。あきらかにデータ数が少

なすぎて全学科の状況を表すとはいえない。十分なデータ数がどのくらいかは、厳密には、数学の理論で統計的推測・標本調査という考え方を使えば計算できる。すなわち、各項目が占める割合の誤差を、一〇%に抑えるには、全一〇〇〇人中、九〇人以上のデータをランダムにとれば大丈夫そうだと導き出せる。ただし、この理論は統計学を勉強しないといけない。

なお、このサンプル調査は、まだ世間に普及していない新しい商品がどのような顧客に受け入れられるかを調べるようなときに、サンプルとなる顧客を選んでデータをとり、実際に店頭に置かれたときに売れるかどうかを検討する際には重要である。

(3) 一次データの調査方法

一次データの調査方法としては、表2-9のような方法があり、質問の回答形式には、自由回答法、二項選択法、多項選択法、順位質問法、評定尺度法などがあげられる。

表2-9　一次データの調査法

質問法	郵送法（質問紙を郵送、後日回収）、留置法（事前に質問紙を配付、後日回収）、電話法（簡単な質問）、インターネットサーベイ（ホームページ上で調査）、面接法（直接被験者に聞く）
フォーカスグループ法	訓練されたファシリテーターによる消費者グループへの調査
観察法	店内行動調査、動線調査、他店調査、交通量調査
実験法	マーケティング手段（商品、価格、チャネル、プロモーション）を操作して被験者の反応をみる。

COLUMN

POSデータとポイントカードデータ

POSデータは、コンビニなどのレジで商品を購入するときにバーコードを読みとって入力するデータである。店員の入力によってさらに年齢、性別等の付加情報を加えることもある。これによって、多数ある商品がいつ、どこで、どれがどのような人に売れたかを大量のデータとともに得ることができる。しかし、POSデータは、顧客ごと商品ごとの利用頻度などリピーター属性の分析まではできない。

一方、ポイントカードは、顧客ごとに商品の購入状況が詳細にわかるので、顧客が何をどのような頻度で購入しているか、商品購入の時間的変化などを分析して、新たな商品の陳列や開発に活かすことができる。

賢問11　大量なデータがとれる時代であるがゆえに、何を考えて分析する必要があるか。これらのデータからどんな情報を得ることがよいのか？

(4) 目的的情報収集のすすめ

従前のやり方は、前述の手順の中でいきなり大量のデータをとったり、分析するやり方に何の疑問もはさまれていないのではないだろうか？　それこそ、調査会社やコンサルタントに膨大な費用を払っていないだろうか？

本章ではデカルトマーケティングの概略について述べているので、ブレイクスルーマーケティングについては些《さ》少《しょう》にしたいと思うが、ブレイクスルー思考では、効果的な調査分析のためには、何のために、あるいは何を明らかにしたいのかという目的を明確にすることから始めることを付け加えておく。そして、何らかの検証したい仮説または目星をもって、その目的軸に沿ったリサーチ計画を立てる。すなわち調査法には、現状に対する問題課題や将来の施策につながる有益な仮説をえるための調査と、市場全体の需要量や特性を測るための調査があり、目的によって構成を変える必要があるのだ。

賢問12　分析、調査における危険性は何か?

6　商品分類と戦略

(1)商品のベネフィット

消費者が商品に求めているものは、表2-10のカバンの例のように、商品の基本機能から得られる便益性（ベネフィット）であるが、そればかりではなく、安全性や耐久性などの物的な特性やスタイル、ブランド

表2-10　カバンのニーズ

基本性能	物が入る、持ち運べる
物的特性：安全性、耐久性など	5年はもつ、手に持つところが急に外れない
イメージ性：スタイルなど	高級ブランドである、格好いい
点検、アフターサービス	5年保証、お客様窓口あり

などのイメージ性、および点検やクレーム対応、保証などのアフターサービスにかかわる特性がある。これらをどのような比重で全体として構成するか配慮する必要がある。

(2) 消費財と生産財

商品には大別すると消費財と生産財があり、これらは大きく異なるマーケティングの特徴をもつ。消費財は顧客が直接利用して消費する最終消費財であり、表2−11のボールペンや携帯電話などがそれに当たる。一方、生産財は、最終消費財を生産する途中段階で必要となる原材料や製造部品、生産機械などが該当する。消費財の顧客は、専門知識も持っている人からまったくない人までさまざまで、心理的・物理的な満足感や好き嫌い、価格の上下に反応して購買行動を変化させる。生産財の顧客は企業であり、高度に専門的な知識

表2−11　消費財と生産財の比較

	消費財	生産財
商品例	ボールペン ペットボトル飲料 携帯電話	インクなどの原材料 ケースや蓋 半導体などの部品 生産設備
購買態度	心理的物理的満足感 価格弾力性高 さまざまな顧客	専門知識高 合理的経済的購買 価格弾力性低
購買の関係	とくになし	購買が周期的 相互取引関係 信頼関係

をもち、合理的経済的な判断によって何度も周期的に購買・相互取引を行う。価格に対する反応は消費財に比べて低く、むしろ財の品質や取引の信頼性などで長期的な関係を築いている場合が多い。また、生産財では二〇％程度の顧客が八〇％の商品を購入しているなど需要が集中する傾向にある。よって、これらの違いを考慮してマーケティング活動を行っていく必要がある。

(3) 消費財の商品分類

消費者の商品の購買頻度や購買店舗などの購買習慣によって、商品は表2-12のように三つに分類でき、そのそれぞれの商品特性におけるマーケティング活動を行う必要がある。

最寄品《もよりひん》は、生鮮食料品や飲料水、文具など、価格帯は低く、高い頻度で近隣店舗や通勤途中の店舗で購買する品目である。買回品は衣服や家電製品などの価格帯は中程度で、品質・価格・デザインを比較して購買する品目であり、専門品は高級車や美術品、オーダーメイドスーツなどの価格帯が高く、高級な専門店舗で購買する品目となる。よって、マーケティングを行う担当者は、最寄品であれば高い頻度で購入されるので、必要なときにすぐに顧客が手に入る

表2-12　消費財の分類

分類	商品例	購買頻度	価格帯
最寄品	食料品、飲料水	高	低
買回品	衣服、家電製品	中	中
専門品	高級車、美術品	低	高

ように多くの店舗で商品を置く努力をする必要がある。

賢問13　買回品、専門品はどのようなマーケティング活動をすべきか？

(4) 商品ライフサイクル

商品の一生をライフサイクルとすれば、新商品を市場に投入してから、その市場が成長・衰退していく商品のライフサイクルは図2-7に示すように、①導入期、②成長期、③成熟期、④衰退期の四段階で表現でき、商品売上高と利益が推移する。このような商品ライフサイクルの各期において、顧客、競合他社の動向も異なることから、それに対応したマーケティング目標や戦略を立てることが必要となる。図2-7の下部に、各期におけるマーケティング目標や戦略例を示す。

まったく新しいコンセプトでこれまでとは異なる機能

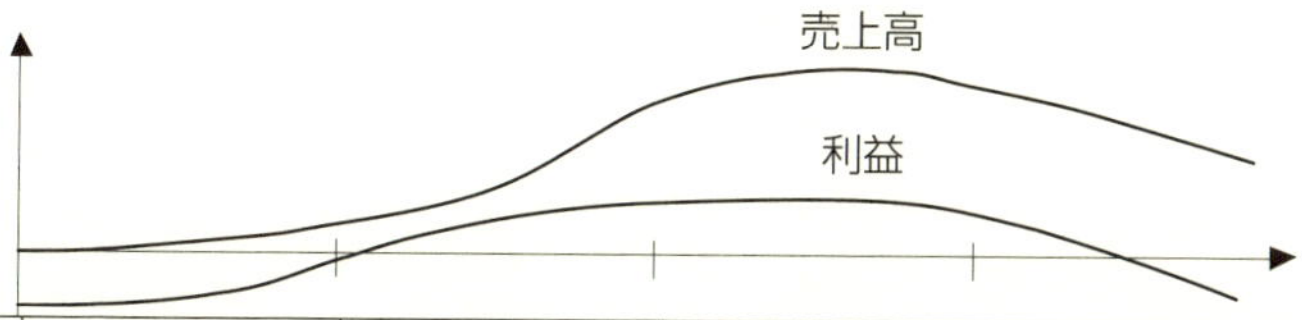

	導入期	成長期	成熟期	衰退期
顧客	新製品好き	一般大衆	保守的な顧客	ファン的顧客
競合	なし	増加	参入少	撤退多し
目標	市場拡大	成長	シェア維持	残者利益確保
戦略	認知度向上	ブランド化	ロイヤリティ確保	代替品に留意

図2-7　商品ライフサイクル

を有する商品を市場に投入した場合、競合相手はいないが、顧客にその商品名やよさを認知したり理解したりしてもらうのにさまざまな努力を要することが多い。スマートフォンにつながる大ヒット商品であるアップル社の音楽機器 iPod は、二〇〇一年に発売されたが、本格的に認知されヒットしたのは二〇〇四年であった。すぐには顧客に理解してもらえなかったことからみてもそれがわかる。

賢問14 乱気流時代では、商品ライフサイクルが極端に短くなっている。どのように対処したらよいか？

(5) 商品ミックスの構成

企業が生産しているさまざまな種類の商品全体の中で、同質的なものをとりまとめたものを商品ラインという。商品ミックスは、次のような幅、奥行き、整合性、長さで商品全体の構成を表す。

・商品ミックスの幅……商品ラインの数
・商品ミックスの奥行き……各ライン内のブランド数
・商品ミックスの長さ……全商品ラインのブランドの合計数

・商品ミックスの整合性……製造条件、流通チャネルや最終用途に関して、商品ライン同士の関連性の度合い

表2-13の商品ミックスの例で考えると、幅3、奥行き4、長さ9となる。

(6)商品ポートフォリオ

商品ポートフォリオとは、大きな商品ミックスをもち、多種類の商品を開発している企業が、経営資源の制約の中で、より効果的にマーケティング資源を配分することを分析するための商品マップである。この例を図2-8に示す。

各商品を以下の四つに分類して今後の戦略を練る。

①絶頂（stars）……市場シェアは高く、利益率が高く市場成長率も高いので、シェア獲得のための投資が必要。企業の将来の稼ぎ頭となるように期待される。

②稼ぎ頭（cash cows）……市場シェアは高く、市場成長率は低い。シェア獲得のための多額の投資は必要なく、利益率高い。

表2-13　商品ミックス例（ある自動車会社の例）

		奥行き4			
		100万円以下	100～150万円	150～200万円	200万円以上
幅3	コンパクトカー	パック	ブィット	ブィット	
	ハッチバック		オールリ	オールリ	ブライド
	セダン		カリーラ	ベンダー	ソラウス

余剰資金を他の部門に回す余裕がある金のなる木。

③検討対象（question marks）……市場シェアは低く、利益率が低く市場成長率が高いので、シェア獲得のための多額の投資が必要。撤退か思い切った投資でシェア拡大か？

④お荷物（dogs）……市場シェアは低く、利益率が低い。市場成長率も低いのでシェア獲得のための投資も必要ないが全社的な貢献度は低い。

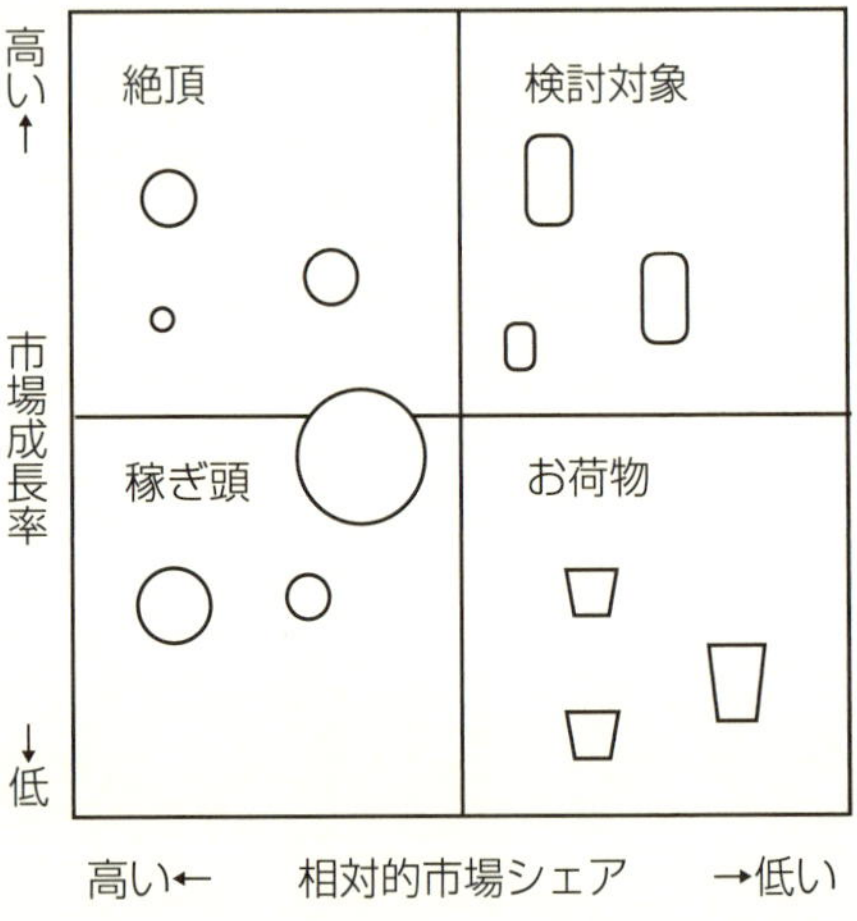

図2−8　商品ポートフォリオ

(7) PIMSプロジェクト——市場シェアと利益率

商品ポートフォリオでは、製品ごとの収益性を考えるうえで、相対的市場シェアが重要な指標になっている。ここでいう相対的市場シェアとは上位三社の市場シェアに対する自社のシェアの比率である。この相対的市場シェアと収益性の関係を重視する戦略は、PIMS（Profit

Impact of Market Strategies）プロジェクトの成果として知られる。

ＰＩＭＳプロジェクトは、一九七〇年頃にハーバード大学を中心として米ＧＥ社の調査をもとに行った研究で、重回帰分析手法を用いてさまざまな知見が見出されたが、もっとも大きなものは「相対的市場シェアが高くなると投資収益率（ＲＯＩ）とキャッシュフローのいずれもが増加する」という関係が発見されたことであった。さらに、データ分析の結果、市場シェアが大きくなると利益率が上昇するという関係は、産業や市場の違いにかかわらず成立することが明らかにされた。

市場シェアが大きくなると利益率が上昇する理由は何か。このような関係は、市場シェアが大きくなる事による「規模の経済性」と「経験効果」の二つの効果が出てくるためといわれる。

①規模の経済性……事業規模が大きくなると、設備が大規模化したり、販売やサービス、ＰＲ、材料の大量発注によってそれぞれの単価が下がったりするなどの理由で、単位あたりの生産コストが低減する。

②経験効果……市場シェアの高い事業は、他社に比べてより多くの経験を蓄積することにより、仕事のやり方を習熟させて、生産性向上やサービス向上が図られる。

賢問15　いったん高い市場シェアを他社にとられてしまった市場で、低シェア企業が挽回《ばんかい》するには何を考えないといけないか？

(8) 商品ブランド戦略と新商品開発

ブランドとは、企業の商品やサービスを顧客に識別させ、競合他社のそれと区別するための名称や言葉、記号、シンボル、デザイン、およびこれらを組み合わせたものをいう。

ブランドには、全国市場における販売を考えてつけるナショナル・ブランドや、大規模小売業者が設定する独自ブランド（ＰＢ）、地方市場を意識した地方ブランドなどがある。

ブランドの機能をまとめると、次のように品質保証機能、識別機能、イメージ機能、反復購買機能などがある。

①品質保証機能……すぐれた品質、サービスが必ず得られるという安心感を与える機能

②識別機能……競合他社の商品・サービスとは異なるすぐれた属性をもっていることを直感的に認知させる機能

③イメージ機能……ブランド名にふれることで、品質や属性を超えた文化的位置づけや社会的ステイタス、付属的感情をイメージさせることができる——寿之介のＣＭなど

④反復購買……いったん忠誠心（ブランド・ロイヤルティ）をもった顧客が反復的に同一ブランド商品を購入すること、など

賢問16　松阪牛と牛肉の違いは何か？

⑼新商品開発のプロセスとブレイクスルー思考

新商品開発は、次のようなプロセスで行われ、市場テストをとおして市場に投入される。アイデアを出していく段階で、ブレイクスルー思考を活用して出していくことができる。

①アイデアの収集と開発……ブレーンストーミング、アイデア収集箱、ブレイクスルー思考（企画計画法）
②アイデアスクリーニング……コンセプトテスト、市場性、製造可能性、独自性、優位性などの観点から絞り込み
③収益性の評価……収益性をどの程度生むかの評価
④商品開発……商品のプロトタイプ（ひな形）で具現化
⑤市場テスト……限定市場で販売テスト
⑥市場投入

賢問17　アイデアを出す前に、何を考えなければならないか？

7　価格設定方法

(1) 主な価格設定方法

販売者は商品にできるだけ高い価格をつけて利益を最大化したいが、顧客は価格が高いと商品を買わなくなる。原価や競合商品価格を考慮しつつ、商品が売れてより多くの利潤を引き出せる値付けをするには、顧客がその商品に感じる価値（バリュー）を見極める必要がある。

次に代表的な価格を設定する方法を示す。

①コスト指向型価格設定法……商品の製造、販売の過程でかかったコスト（原材料、労賃、その他経費）の合計に一定の割合（マークアップ率）で利幅を与える方法。

販売価格＝製造原価＋製造原価×値入率（マークアップ率）

②投資収益率（ＲＯＩ）指向型価格設定……ＲＯＩ価格＝単位原価＋期待収益率×投入資本）／販売数

例　1600円＋（0.2×1億円）／5万台＝2000円

③実勢価格設定……競合他社の価格の動向にもとづいて価格を設定する。

④入札価格設定法……最低価格以上でより低い価格を提示した企業が注文を受けることができる。大型設備や公共工事において活用される。

⑤市場浸透価格設定……新商品を市場に浸透させることを優先して、できるだけ低い価格で競争優位にするための価格設定。たとえば、トヨタのプリウスの価格設定。

⑥心理的価格設定……消費者の価格に対する心理的特性を重視した価格設定。これには、高級ブランド品など高価格が品質のバロメータとして機能する名声価格、少しでも安値をイメージさせる端数価格、清涼飲料水などの購買習慣上の慣習価格がある。

(2)価格弾力性

価格を上下したときに販売量に与える影響の度合いを、次式の価格弾力性で計れる。

E＝（需要の変化率（％））／（価格の変化率（％））

価格弾力性が一・〇を超えれば、価格を下げたときの販売量が増加して売上げが増加するが、一・〇未満の場合は、価格を下げても十分に販売量が増加しないので売上げは下がることを意味する。

マクドナルドは、二〇〇〇年に当時一三〇円だったハンバーガーを円高を機に六五円に値下げしたところ、販売量は四・八倍になって売上げは倍増したが、その後、一四〇円に戻した後に二〇〇二年に八〇円、五九円と値下げしたが、販売量は二〇〇〇年のときほどの増加はなかった。価格弾力性はつねに同じ変化が起きるとはかぎらないので注意を要する。

賢問18　過去のデータは未来にも適用できるか？
賢問19　価格設定は、顧客が決め、それに合わせてつくる方法を考えるという意見に対して、あなたの意見は？

8　流通、販売チャネルの構築

(1)チャネルの機能

チャネルとは、生産者から顧客に商品が届くまでにかかわる運輸業者、卸売業者、小売業者などから構成される。チャネルは、表2-14のように、単に商品を運んだり、在庫管理をするロジスティックスだけではなく、顧客への商品プロモーションや新規開拓、リスク分担、ファイナンス、調査情報収集機能を持ち合わせたものである。

チャネルの大部分は外部資源に依存する場合が多く、チャネル構築には多くの時間と費用が必要になる。

表2-14　チャネルの機能

プロモーション	エンドユーザー（最終顧客）に対して販促したり、嗜好などを情報収集する
マッチング	顧客の要望に応じて商品の組合せや包装、サービスなどを工夫する
顧客開拓維持	潜在顧客の開拓や新商品を開発
交渉	販売条件（価格、値引き、配達など）の最終合意を得る
ロジスティックス	顧客に商品を届ける機能、在庫管理、販売所管理
ファイナンス	代金回収、流通に必要な資金の調達
リスク分担	リスク（輸送途中の事故など）の分担

(2) チャネルの段階数と政策

商品の特性により、生産者と顧客の間に介在する卸売り業者や小売り業者の段階数（チャネルの長さ）が異なる。

一般に流通コストを抑えるための直販業者がある一方で、アフターサービスが必要な商品や耐久性が低い商品は少ない段階数の短いチャネルになり、単価が低く毎日大量に購入消費される日常品（食料品、衣料品など）などは、多くの段階数をもちチャネルが長くなる傾向にある。

商品の流通チャネル政策として代表的なものを次にあげる（図2-9）。

①開放的チャネル政策……希望する卸売り業者と小売り業者に商品を開放的に流通

②限定的チャネル政策……限られた専属の代理店や販売店で、排他的に流通を管理

③選択的チャネル政策……基本的に開放的だが、ある基準によって業者を選別して流通

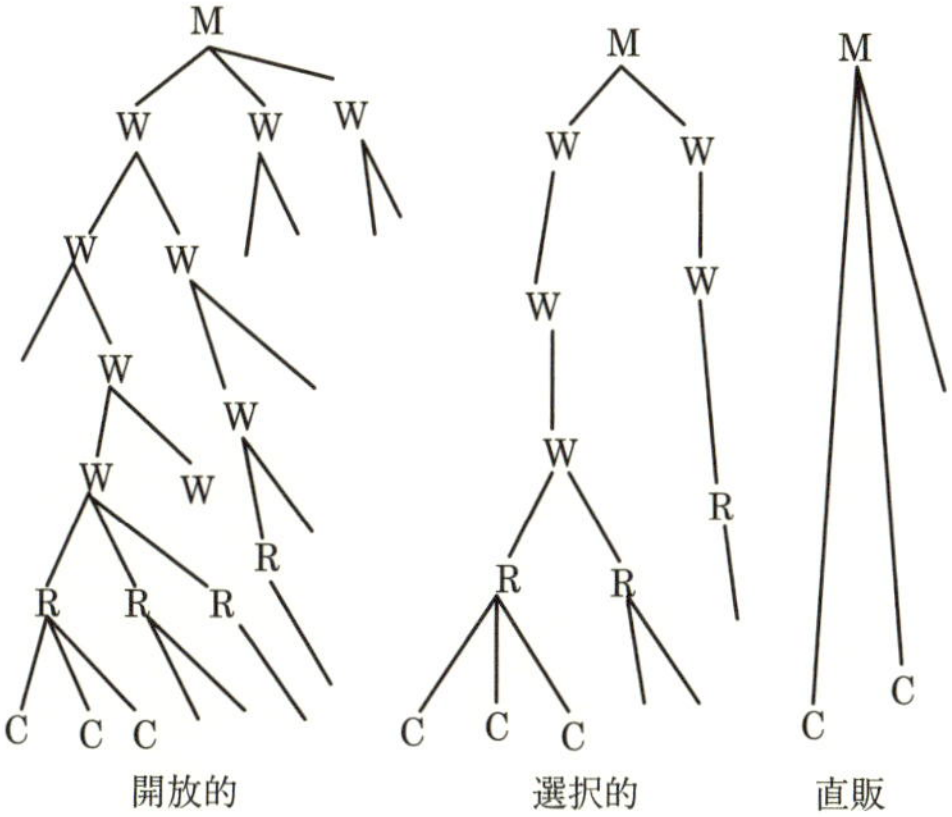

（M：製造業者、W；卸売業者、R；小売業者、C；顧客）

図2-9　チャンネル政策

④直接的チャネル政策……通信販売、訪問販売など、生産者が直接消費者へ販売

(3) 卸売機能原理

チャネル政策でみられるように、生産者と小売業者の間には何段階かの卸売業者が介在することが多い。卸売業者が介在することで中間マージンが発生することになるが、以下の卸売機能原理において取引上の合理性を有しているといえる。

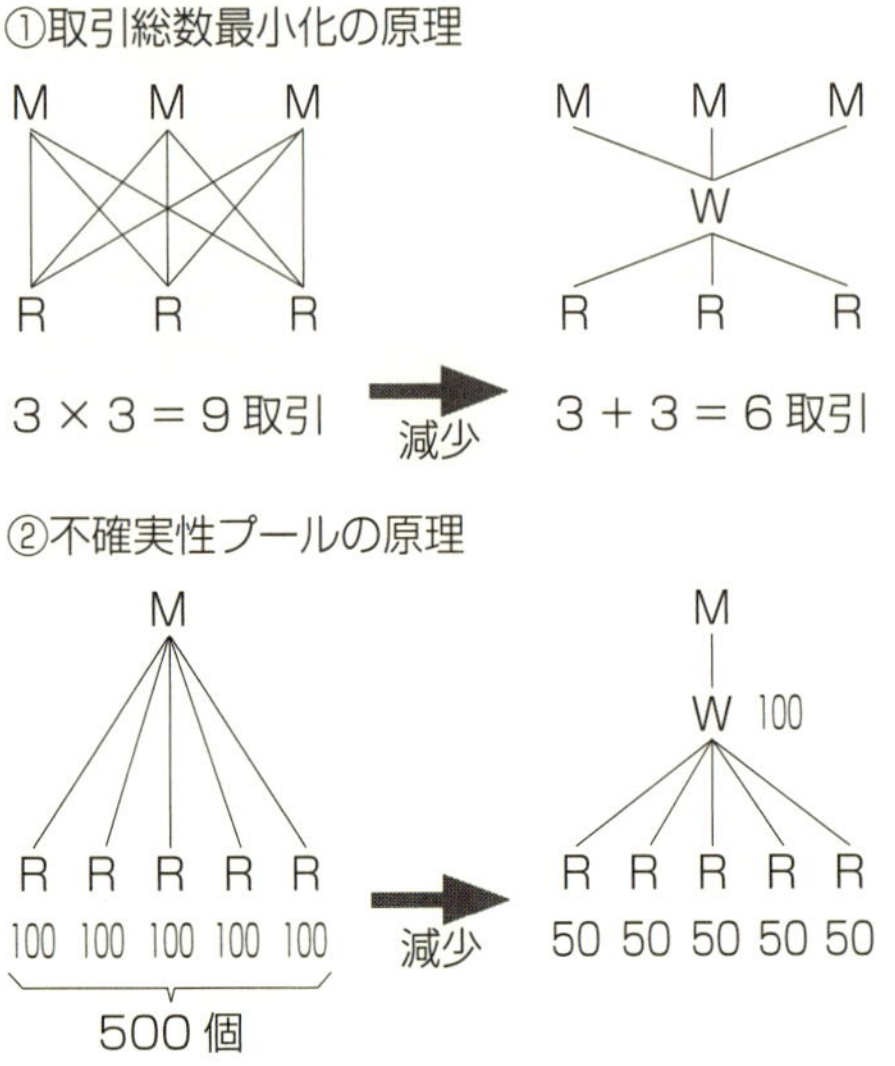

図2-10　二つの卸売原理のポンチ絵

①取引総数最少化の原理……卸売業者の介在により取引総数は減少する。
②不確実性プールの原理……卸売業者の介在により総在庫量は減少する。

①は、生産者と小売業者が直接取引をすると、（生産者数×小売業者数）だけ取引数が出るが、卸売業社を一社介在させるだけで、その数は（生産者数＋小売業者数）になることを意味する。

図2-10の例では、生産者数が3、小売業者が3の場合である。卸売業者が介在しないときは、

取引数は9になるのに対して、卸売業者が1介在するときは6になり、取引数は三〇％削減される。

②は、たとえば卸売業者が1、小売業者が5であるとする。繁忙期にある商品が急に売れ切れになることがあり、各小売業者で商品の在庫を持つと一〇〇個ずつは持たないといけない場合（全小売業者で五〇〇個）も、卸売業者が一〇〇個を持っておいて、各小売りは五〇個ずつで、各小売りで足りなくなったときに仕入れればすむようにすれば、総在庫量をかなり減少させることができる。

賢問20　リエンジニアリング、リデザインという考え方で、客まで届けるチャネルを再設計する考え方を採用するメリットとデメリットは何か？

9　プロモーションの重要性

プロモーションとは、マスメディアなどのさまざまな媒体をとおして、商品の購入を顧客に促進する活動である。プロモーション活動としては、販売員をとおした人的販売、新聞、折込チラシ、マスメディアやインターネットによる広告、第三者機関として新聞やテレビが取り上げるパブリシティ（＊パブリシティとは、テレビ局などが社会的に有用性を認めて独自に制作するニュースや報道であり、ＣＭとは異なり、公共性・公平性があり、視聴者から受け入れられやすい。）、およびサンプルやクーポン、景品などによる販売促進策などが含まれる。

高い技術により顧客にとって大変便利で魅力的な商品ができたとしても、プローモーションで顧客にそのよさを理解してもらわなければ、その商品は売れることはない。現在は当たり前に売れている過去の大ヒット商品も、その商品が斬新であればあるほど、顧客に商品のよさを伝えるプロモーションにさまざまな工夫や取り組みがなされていることが少なくない。

●事例　Ｋヌードルのプロモーション

お湯だけで簡単に食べられるＫヌードルは、一九七一年に発売され、以来全世界で累計五〇〇億食以上を発売（二〇〇三年時点）したといわれる。このＫヌードルも発売当初はなかなか売れなかったが、どのようにしてヒット商品として成長したかをみていこう。

Ｋヌードルは、開発に五年を要した。その間、開発された技術としては、麺を均一に戻す調理法、フリーズドライの具、熱いお湯が入る容器が壊れないようにする技術などであった。よって、Ｋヌードルの発売当初は一個一〇〇円である必要があったが、当時お湯と一緒に麺を茹でてつくる即席ラーメン「チキンラーメン」は一個二五円であり、四倍の値段であった。スーパーや食料品店では、この値段に、高すぎる！　として、店頭に置いてもらえない状態であった。売れるかどうかという前に、店に置いてもらえないことをどう克服するかが問題であった。

即席ラーメンに対して、値段は高いが買って食べる価値のある商品であることを、どう顧客に理解してもらえばいいか。Ｋヌードルの市場をつくるプロモーション活動は次のように、アイデアと工夫に富むものであった。

まず、ヌードルという名前自体が従来のラーメンとは、まったく異なるカテゴリーであることを顧客がわかるようにつけられた。パッケージングも袋入り麺に対してカップであり、割りばしではなくフォークをつけて、これまでのラーメンとの違いをさまざまなかたちで感じとれるように工夫された。

販売ルート（チャネル）も、既存のスーパー等で販売してもらえなかったため、新たに開発する必要があった。そこで、目をつけたのが、駅の売店や野球場、ホテル、パチンコ店などである。これらは、小腹を空かした顧客がヌードルを食べるちょっとした待ち時間があること、椅子と机のちゃんとしたスペースがなくて即席ラーメンを食べるには少々面倒な場所であって、お湯さえあれば片手で持って手軽に食べることができるという、Ｋヌードルの利点をもっとも活用して食してもらえる場所であった。これらの

場所から徐々に販売実績を上げた。最後の決め手は、当時よく行われていた週末の歩行者天国での沿道販売であった。沿道で若者がKヌードルを買って、片手で持って歩く姿が、テレビで報道（パブリシティ）され、これがカッコイイ！　という評判で一気に認知されるにいたった。このときはじめて、Kヌードルという新たなカテゴリーが誕生したのだ。

このように、今ではなくてはならないような便利な商品も、発売当初はそのあまりの斬新さのために顧客から受け入れられなかったり、理解されなかったりすることは少なくない。このような場合には、その商品の特性を見極め、もっとも優位に販売できるプロモーション方法を新たに開発していく必要がある

（＊参考文献　榊原満則（一九九二）『企業ドメインの戦略論』中央公論社）。

◎消費者の心理的プロセス

プロモーション活動を行ううえで、顧客がどのような心理プロセスで商品を購入するかを理解していると、効果的なプロモーションアイデアを考える手助けになることがある。購入時の心理プロセスにはいくつかのモデルが提案されているが、ＡＩＤＭＡモデルはその代表例である。

ＡＩＤＭＡモデル……消費者が商品を知って購買するまでの心理的プロセス

①注意（Attention）……広告などで知らない商品を知る

②関心（Interest）……宣伝文句等で興味をもつ

③欲求（Desire）……実際に使ってみたいと思う
④記憶（Memory）……メーカー名とブランド名を覚えておく
⑤行動（Action）……小売店で購入する

このような消費者の心理変化を考慮して、プロモーションの計画・設計を行うことで、どこか途中でプロモーションが途切れてしまわないようにすることが必要となる。

10　実践におけるマーケティング戦略の統合化

ここで実践におけるマーケティング戦略で行われる統合化についてみてみよう。要するに、知ること、戦略を立てること、販売する（サービスを提供する）ことを確実に行うことである。順序は、次のようにならなければならない。

①知る……顧客および顧客の声、市場環境、競合先、自社シェア、自社の強み・弱み
【手法】３C、SWOT、SWOTクロス、４P、５FORCES
②戦略立案……顧客層別ターゲティング、商品・サービスの価値創造、価格設定、アライアンス先、チャネル　【手法】ポートフォリオ
③販売……プロモーション　【手法】AIDMA

視点を身近なことに移してみよう。

結局は、商品もサービスもお客様に価値提供を認めていただいて、契約が成立するが、よくありがちなのは、売り上げが落ちたり、売れなくなった原因を販売現場のせいだけにするケースである。販売が落ちたときは、その前のステップに立ち返り、戦略が間違っていないか、顧客や市場の認識は誤っていないかをつねに考える必要がある。さらに付け加えれば、市場環境はつねに変化するのだから、最初の「知る」活動は適宜、行われていなければならない。当然、それによって戦略は変化し、販売の方法も変わってくるのである。

また販売の現場では、プロモーションだけでなく、顧客接点で活動する販売員や営業マンの販売スキル調査や販売体制の見直し、販売プロセスマネジメントの導入など、さまざまなチェックと販売を科学する心が要求される。

いずれにしても、これらがそれぞれ独立したものでなく、有機的につながっていることを認識し、このステップにかかわる人々が違うメンバーであってもそれらの情報を共有することが大切である。

したがって、この三つのステップのベースに「情報シェア」の軸が加わる。

さらに経営者視点も加えると、これらのステップ、仕組みを支える人材育成やモチベーションを維持、継続する組織理念、企業風土の醸成などが不可欠になってくる。

理念の重要性はいうまでもなく、すべてを動かす原動力となる。大切にしている考え方やめざす方向性が示されていれば、いつでもそれを確認でき、それに従ってすべての見直しが図られることとなる。そもそも何のために組織が存在するのか、何を提供して客から支持されようとするのか、原点はそこにあり、理念が浸透し、ぶれない組織のみが生き残るといっても決して過言ではないだろう。

以上が、従来のデカルト思考による「デカルトマーケティング」の概要である。このデカルトマーケティングでも、十分に通用する市場もあるだろう。読者の方々が属している組織や使っている手法などに合わせて考えられるとよいだろう。しかし、繰り返すことになるが、世界が猫の目のように変化する〝乱気流時代〟には、この過去・現在をもとに考えるデカルト

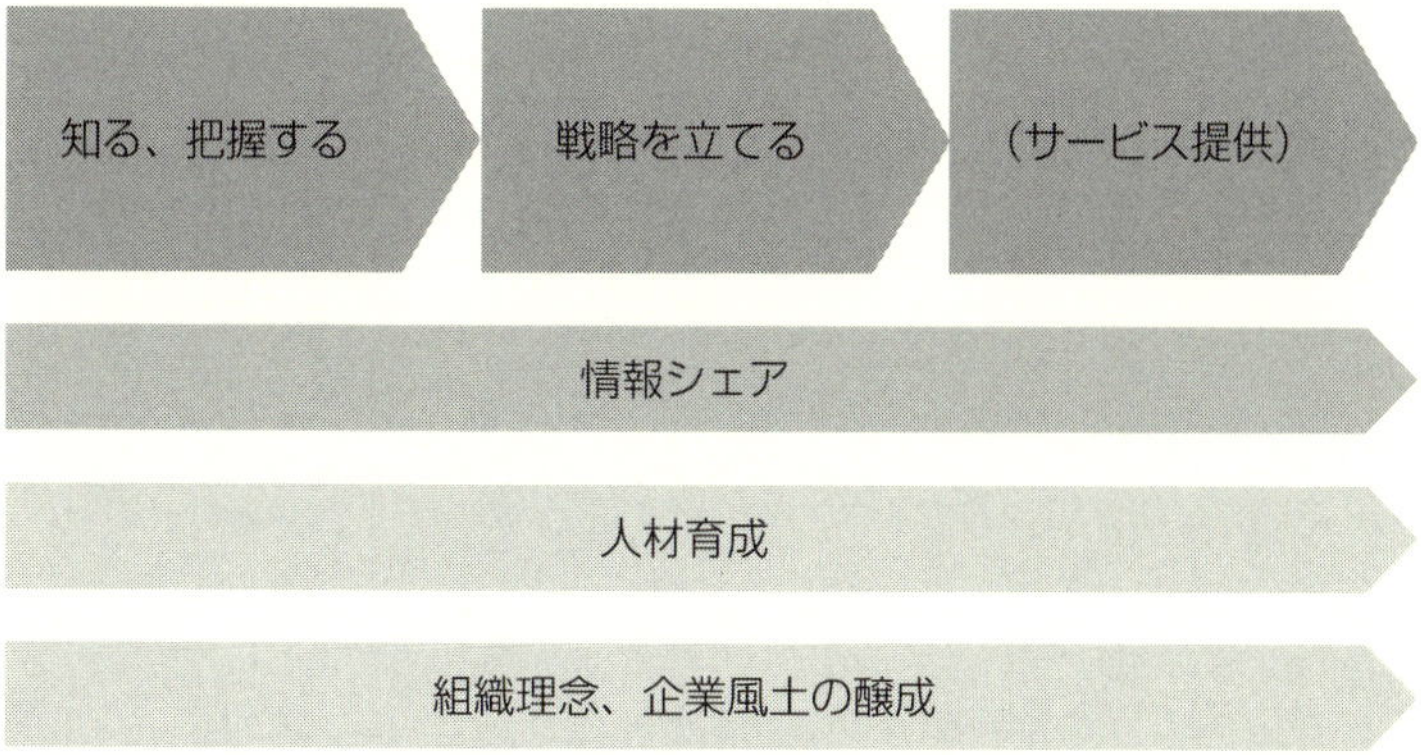

図2-11　マーケティング戦略

マーケティングのみでは、十分ではないことが多くなっていることは事実である。次章では、ブレイクスルー思考による「ブレイクスルーマーケティング」を垣間見ていこう。

参考文献

フィリップ・コトラー（著）／小坂恕・疋田聡・三村優美子・村田昭治（訳）（一九八三）『コトラーマーケティング・マネジメント——競争的戦略時代の発想と展開』プレジデント社
石井淳蔵・嶋口充輝・余田拓郎・栗木契（二〇〇四）『ゼミナール マーケティング入門』日本経済新聞社
野口智雄（二〇〇五）『マーケティングの基本』日本経済新聞社（日経文庫）

乱気流時代、デカルトマーケティングでは出口（成功）が見えない

第3章 ブレイクスルーマーケティングの全貌
――マーケティングがブレイクスルー思考で変わる

従来のマーケティング理論は、デカルト思考により「分析アプローチ」が主流になり、分析により過去と現在の事実関係を明確にして、マーケティング立案を行う方法をとっている場合がほとんどである。乱気流時代になると、過去、現在をもとにしたマーケティング戦略が動かないことが多くなり、マーケティングの失敗が増大して、従来型のマーケティング理論が通用しなくなってきている。そこで、ブレイクスルー思考を用いたブレイクスルーマーケティングや羊飼いマーケティングが脚光を浴びることになってきた。

ブレイクスルーマーケティングは、次に述べるブレイクスルー思考の七つの原則をもとに理論化されている。「過去の延長線上に未来がない」激しい変化を起こす現代においては、過去・現在の分析からマーケティング戦略を練るアプローチが、時代遅れになっていることは明白である。それゆえ、ブレイクスルーマーケティングでは、根本に戻り、「そもそも、何のために？　どうあるべきか？　どうしたら？」という根本回帰の思考回路を使う理論である。その基本となる考え方が、ブレイクスルー思考の七つの原則である。

1　ブレイクスルー思考の「七つの原則」

ブレイクスルー思考には、従来のデカルト思考とは、まったく異なる七つの原則がある。従来のデカルト思考と比較しながらみてみよう。両者は、まったく考え方が違うことを理解して、乱気流時代には、こんな考え方が大切であると認識することから、ブレイクスルーマーケティング、羊飼いマーケティングを考えていきたい。

(1)第一原則――ユニークさの原則（ユニーク差の原則）

「万物はユニークな差がある」ことを前提に物事を考える。それぞれの問題はユニークであり、すべての問題は「特定解」、すなわち特定の条件に合った解決策を必要とする。

デカルト思考では、一般化・普遍化することで、「一般解」「普遍解」を求めるが、ブレイクスルー思考では、「特定解」を求める。世界に展開する「マクドナルド」でも、中国へいけば、中国流の「マクドナルド」が展開されている。

解決されるべきあらゆる問題は、ユニークな特定解によって、本質的で革新的な解決策が導かれる。このことをつねに念頭において問題解決にあたることである。これまでの解決事例を探し回ったり、真似したりすることなく、直面する問題特有の〝ユニークな差〟をさまざまな視点において見出すことが真にすぐれた解決策を得ることにつながる。

ここで、「ユニークさ」が理解しがたいならば、「個別」「独自」「……らしさ」「……しかできない（ものは自社にとって何か？）」などと、言葉を置き換えて考えてもよい。このユニークさを重視することは、過去の調査結果から、成功企業の指導者の多くが、新規事業でもっとも重視することは「その事業のユニークさであった」という事実にもとづいている。

ただし、人は弱いものであり、すぐどこかの成功事例を安易に真似してしまうものである。成功事例を探し、よく似た事例を見つけてはそれですべての解決策を見出したかのように安心してしまう。一般に、そのような成功事例に対しては、関係メンバーも同意しやすいし、賞賛してしまいやすいのでなおさらである。しかし、ブレイクスルー思考では、このような態度をあえて厳しく戒める。安易にものまねをするな！　最適な解は別にある！　このユニークさの原則（ユニーク差の原則）をつねに念頭に置き、事例を探し回ることをせず、共通点よりもむしろ差に意識を向けて、0（根本：目的）から、問題に正面から立ち向かい挑戦せよ！　と。

このユニークさの原則（ユニーク差の原則）は、乱気流時代のマーケティングにおけるビジネスモデルの構築や新商品開発の現場では、次の理由からもとくに重要である。

すなわち、他社が出している商品と少し違いがある程度の商品やビジネスモデルで売り出しても、すぐ追いつかれるか追い抜かされるかで、価格競争に陥って利益が出せなくなる。これを防ぎ、会社が存続できる利益をもたらすためには、競合他社の追随を許さない、斬新で、顧客（主役）にとって本質的に求められているユニークな解決案を見出して、ヒットを生み出すことが重要である。新商品開発やビジネスモデル開発において、他社がやらない方法やビジネスモデルで技術を確立すれば、市場を独占・リードしながら先行利益を得て、さらにニーズや顧客の期待の変化に合わせて革新を続けていけば、市場占有率をキープすることにつながるであろう。

さて、このようなユニークさを見出すには、あるコツがある。それは、「いつ、どこ、だれ」に着目してユニークさを考えることである。取り組もうとする解決策は、いつ、どこの、誰のためのものなのか、とくに解決されるべき主役はどんな人なのか、を具体的に見出せば、取り組もうとする課題が他のどの問題とも異なるユニークさをもつこと、それを解決するには特定解が必要とされることがわかるであろう。マーケティングの主役は、もちろんその商品やサービスを使う「顧客」である。顧客ごとに異なるユニークさを明らかにして、これまでにない解決策を提供すれば、顧客は感動し、新たな「顧客を創造する」というマーケティングの目的に適うことになる。

(2)第二原則――目的的情報の原則（目的適情報収集の原則）

デカルト思考は、事実や原因を確かなものにするために、できるだけ多くの情報を集めて、分析することを重要視する。一方、ブレイクスルー思考では、解決策を創るのに必要最小限度の情報を集めることを原則とする。これにより、分析時間や情報収集の費用を大幅に削減でき、すばやい問題解決が可能になる。情報が氾濫するこの世の中で、取捨選択が必要であるのに、デカルト思考の影響で、できるだけ多くの情報を集めないと気がすまない人がたくさんいる。収集のコスト、分析のコストを考えて最小限度の情報で最大限の成果を生み出すようにしたい。デカルト思考のように事実や真実を探求するのではなく、「解決策を探索する」ことが重要であって、そこに焦点を合わせると、必然的に質のよい情報だけが集まることになる。

従来のように、「それ、情報を集めよ‼」からマーケティングをスタートするのではなく、「主役は誰か?」「何のために、どうあるべきか? それを実現するために、どんな情報をどれだけ集めるべきか?」と問い、目的に適した情報のみを効果的に収集すればよい。無差別な情報の蓄積や集計分析は時間と労力の浪費であり、問題解決には役立たないので、目的を意識して必要なデータのみ収集することに努めることが必要である。

ところで、最近ではPOSシステムの普及により、自動的に毎日数万件もの顧客データを蓄積することも可能になってきた。しかし、データを蓄積したとしても、目的や戦略に対して意味のある有効な集計や分析をしなければ、ただ単にデータの洪水におぼれるだけであり、ありきたりで当たり前の知見しか得られない。分析者が、「何のために情報を集めたか？」としっかりした目的軸をもっていなければ、せっかくの有効な結果も見逃してしまう。

自社のコア技術と解決システムに対して、顧客のニーズや目的を事前によく考え練られた集計・分析では、次のような活用・効果が期待される。

①自分で立てたアイデア・仮説が正しいかどうかを検証する。ＰＯＳのデータは、このために使うことができる。

②社内において新商品アイデアに理解のない人たちや反対派の人たちを説得するための根拠データに利用する。

③自分の知識・経験を超えた、消費者の潜在意識に潜むニーズのヒントを得る。

④まだ気がついていない、消費者心理に気づかされる。

これらは目的軸をもった集計分析から引き出される効果の一例である。新たな新商品開発を行い、ヒットを出すことは、これまで誰も気づいていない消費者心理を導き出してかたちにしていくことである。目的軸をもっているかどうかで、同じデータを見たときに気づく質と量には雲泥の差が出るであろう。

(3) 第三原則——システムの原則

「万物はシステムである」という認識論を具現化する原則である。システムとは、目的性、関連性・連動性、全体性を兼ね備えたものである。何のために存在しているか（目的）？ 全体は何か？ 他との関係は？ とつねに考えるようにしたい。デカルト思考は、それに反して、目で見える事実・部分に注目してしまい、全体や関連性、目的性がみえなくなってしまう。

また、商品開発や実施の段階でも、いずれも提供する側には「仕組み創り」が求められる。つねに目的、インプット（入力）、アウトプット（出力）、処理、環境、人間転換媒体、物的転換媒体、情報転換媒体の八つの要素を基本にし、管理次元、関係次元など、マトリックス化して〝ヌケ〟〝モレ〟がないかを確認する。とくに「目的」については、そのものに変化がないかを確認しないと、すべてのことに影響を及ぼすことになる。

つねに「万物はシステムである。目的・全体・連動性に注目して解決策を導け！」と問うことである。問題を構成している要素間の相互関係やその重要性についてシステム的に考えるために、各要素のマトリックスを形成し、モレなく考えることが有効である。ブレイクスルー思考では、表3−1のようなマトリックスで、問題解決システムをとらえることで、重要なことを見落とすことなく解決案を構成することが可能である。

ブレイクスルー思考では表に示す「八つの要素（縦軸）と六つの次元（横軸）」のマトリック

表3-1　システムマトリックス

	基本	価値観	ものさし	管理	関係	未来
目的						
インプット						
アウトプット						
処理手順						
環境						
人間転換媒体						
物的転換媒体						
情報転換媒体						

スの各欄を念頭に置き、気づきを促す。順番にチェックしていってもよいし、気づいたところから考えていくのもよい。初期の段階では、わからなくて空白になることが多いが、深く考えて解を見つける努力をすべきである。空白の部分が、失敗の原因になる可能性が高いと考え、考え抜くことをおすすめする。

これらの各要素と次元については、次のとおりである。例として、各要素に病院の事例をあげる。

①目的……解決システムで着目すべき目的は何か。
［例］患者を治療する。

②インプット……解決システムをまだ使っていない、課題のある主役の状態は、どんな人、もの、情報か？　［例］患者

③アウトプット……解決システムを利用した後の主役のあるべき状態で、どんな人、もの、情報がシステムから出てくるかを定義する。［例］治療された患者

④処理手順……インプットをアウトプットに変えるための処理手順やプロセスを、処理1、処理2……の順に書く。〔例〕診断し、患部を見つけ、手術し、薬を処方し、養生させ、健康を回復させる。

⑤環境……解決システムの政治的、経済的、精神的、文化的、物理的環境をまとめる。環境には、経済恐慌のようなわれわれの力が及ばない外部環境と、室内温度のようにわれわれで制御できる内部環境がある。〔例〕内部環境／手術室の室内温度、湿度、細菌浮遊数など。外部環境／天候、世界経済変動など。

⑥人間転換媒体……インプットからアウトプットに転換するのに必要な人、組織と、それらの能力および訓練をどうするかを考える。〔例〕医者、看護師、事務員など。

⑦物的転換媒体……インプットからアウトプットに転換するのに必要なもの、施設、設備や道具は何か？〔例〕病室、ベッド、レントゲン、ＣＴなどの機器・備品、手術道具類など。

⑧情報転換媒体……インプットからアウトプットに転換するのに必要な情報、文献、資料、マニュアル、ソフトウェアは何か。〔例〕カルテ、コンピュータソフト、外来案内、告知書など。

まず、「基本」としてこれらの内容を具体的にしていく。次に考えることがシステムの「次元」である。次元は八つの要素それぞれで考える。こちらも病院の事例で考える。

ⅰ基本……前述の八つの要素の基本を表す次元。

ⅱ価値観……各要素の「良い、悪い」をどのような特徴に着目して考えるかを表す次元である。「早く、美しく」など形容詞・形容動詞によって表現する。［例］アウトプットが治癒した患者であれば、「完全に」が価値観。

ⅲものさし……価値観によって表された要素の特徴のよさの度合いを測定する手段や方法を表す次元である。「早く」という価値観には「時間」をものさしとして測ることができる。［例］価値観が、「完全に」であれば、再発率で測定する。目標値は、ゼロである。

ⅳ管理……成功のためには管理が重要である。ものさしの目標値が管理の基準となる。八つの要素すべてについて価値観とものさしと目標値・管理基準を決める、管理基準を超えたときにどんな対策を打つかを考える。［例］再発率がゼロでなかったときに、どのような対策を考えて対処していくかを考える。

ⅴ関係……解決システムと他との関係を考えることも成功に導くうえで重要である。システムの目的と会社の目的との整合性や共同開発者、支援企業、競合企業など、摩擦を引き起こす関係か協調して相乗効果を生む関係かもあらかじめ考えておく必要がある。［例］他の病院との連携、他の病院とのトラブルなど。

ⅵ未来……システムの将来を表す次元である。その先の目的やあるべき姿は何かを示す。これに取り組むことにより、先の先を考え、未来から学ぶことが求められる。［例］病院の未来の存在意義・目的、受け入れ患者……など、次のあるべき姿を考える。

これらの要素と次元を頭に入れて、必要なときに取り出せるようにしておくことで、もれなくシステムを構築することができる。

⑷第四原則――参画巻き込みの原則

人間がいなければ、マーケティング活動の必要はない。ブレイクスルー思考では、まずは「人」を中心に据えていることが基本中の基本になる。誰が関与しているか？　誰が利害関係者か？　しかも、マーケティングでは、商品やサービスを供給する側でなく、利用者、ユーザーこそが主役である。徹底した顧客へのサービス提供しか、本物として残らないこの時代に、この基本は絶対に押さえなければならないポイントである。それに反して、デカルト思考では、技術が中心であったり、事実や数値が中心であったりして、問題を感ずる人間を忘れていることが多い。

問題とは、「心に引っかかる事柄」と、ブレイクスルー思考では定義している。商品やサービスに関係し、影響を受ける人々をその問題の予防・解決に参画させないといけない。人は情報源、アイデアの源である。マーケティングシステムを構築する人、動かす人、それを利用する人、支援する人、まわりで影響を受ける人をあらかじめ把握して、適当な時期に目的に合わせて必要な人を参画させることが重要である。とくに、ビジネスモデルや新商品開発にあたっては、本当に必要とされていることは、「顧客」こそが知っていると考えるべきである。第1章で述べた「人間に関する仮説」を再度ひもとき、顧客は詳細に検討しておく必要がある。

(5)第五原則――目的の原則（目的展開の原則）

乱気流時代に必要なことは、過去の延長線上で物事を考えるのではなく、物事の根本に戻り、どうあるべきかを問わないといけない。ブレイクスルー思考では、「そもそも何のために……するか?」「その目的は?」「その目的の目的は?」と根本追求（目的展開という）を徹底して、物事の本質・根本を見つけ出す努力から考え始める。顧客の表面的なニーズ（近視眼的発想）に的を絞って商品を開発するのではなく、目的の目的を探求して潜在的・根本的な目的を見つけることによって、その商品開発自体がまったく不必要なものに変わる可能性があるのだ。

たとえば、カイロの目的が「腰を温める」として、その目的の目的を問うていき、「血流を促す」に着眼するとなったとしたら、別にカイロの開発をする必要はなく、「新しい針」「塗り薬」「暖房繊維」など、今考えている目的を除去してしまうような商品を開発することになる。

これを「目的除去の原則」という。目的を除去できれば、やる必要がなくなるので、それがもっとも効率的・効果的である。ほとんどの人々が、与えられた目的や目先の目的を鵜呑《うの》みにして、やらなくてもよいことを効率的にやるという間違い（これを「第三種の過誤」という）を犯すことが多いので、「目的除去はできないか?」と考えてみるとよい。どこかで目的の目的を問う「目的展開」も落としどころを見つけないといけないが、より大きな目的で着眼すると、近視眼的な発想から大きく前進することは間違いない。そして供給する側にも大きなメリットが生まれる。すなわち、無駄な開発費をかけなくてすむということだ。

一つの問題を取り囲む目的はいくつもある。問題解決のための「特定解」を得るのに、最初の目的レベルより大きなレベルの目的が必ず存在する。問題解決にかかわる主役の目的に着目して、目的展開し、新しい解決策を見出すことができるユニークな目的を見つけることが、ユニーク「差」のある斬新で画期的な解を導くうえできわめて重要である。

さらに、目的の原則（目的展開の原則）でめざすものは解決システムにおける主役、根本の目的を極めることである。目的が変わると解決策も変わり、小さな目的から大きな目的にしていくことで、課題の解決空間は大きくなり、より多くの解決策からまさに最適な解決策を見つけてくることが可能になる。

(6)第六原則――未来解の原則（あるべき姿の原則）

デカルト思考は、現在・過去を分析することにより、現在・過去から学ぶことを原則としているが、ブレイクスルー思考は、未来の究極の姿から学ぶことを原則としている。

過去の延長線上からの発想では、新しい需要を創造することはできない。つねに未来からの示唆を受ける感性で、あるべき姿を描くべきである。競合相手やすぐれた企業と比較して相対的なベンチマーク（指標比較）を行うより、「絶対ベンチマーク」で究極のあるべき姿を考える。ここでいう相対ベンチマークとは、他社と比較してどうするかと考える方法で、よく上司が「競合他社はどうなっているか？」「他社を調べてそれを参考にせよ」と言う例である。これが、従来のデカルト思考の常識である。それに比べて絶対ベンチマークは、他社とは関係なく、絶対的・究極的によいものは何かと考え、それを目標として考えるやり方で、ブレイクスルー思考は、絶対ベンチマークをまず考える。

たとえば、もし人間が瞬間移動（テレポーション）できるとしたら、車や電車など交通手段は必要なくなる。できないことでも発想は自由であり、一見無駄なようでありながら、じつはより創造的、効率的・効果的にイノベーションを起こす方法である。そして、実現不可能なところから、実現が可能な領域に落とし、そのために必要な要素を洗い出すと、無駄を大きく省くことができる。過去からの延長線上のままで改善を繰り返しても、結局は時間とコストがかかってしまい、トータルでの大きな成果は期待できない。

よって、未来解のポイントは、目的展開によって、根本を見極め、未来のもっとも理想的な姿（あるべき姿）を希求し、〝未来の棚〟にたくさんの未来の解決策（未来解）を常備しておくことである。大目的に到達する事によって採りうる選択の範囲はきわめて広くなるうえに、目的展開のための方向づけもなされる。このイメージ図を図3－1に示す。

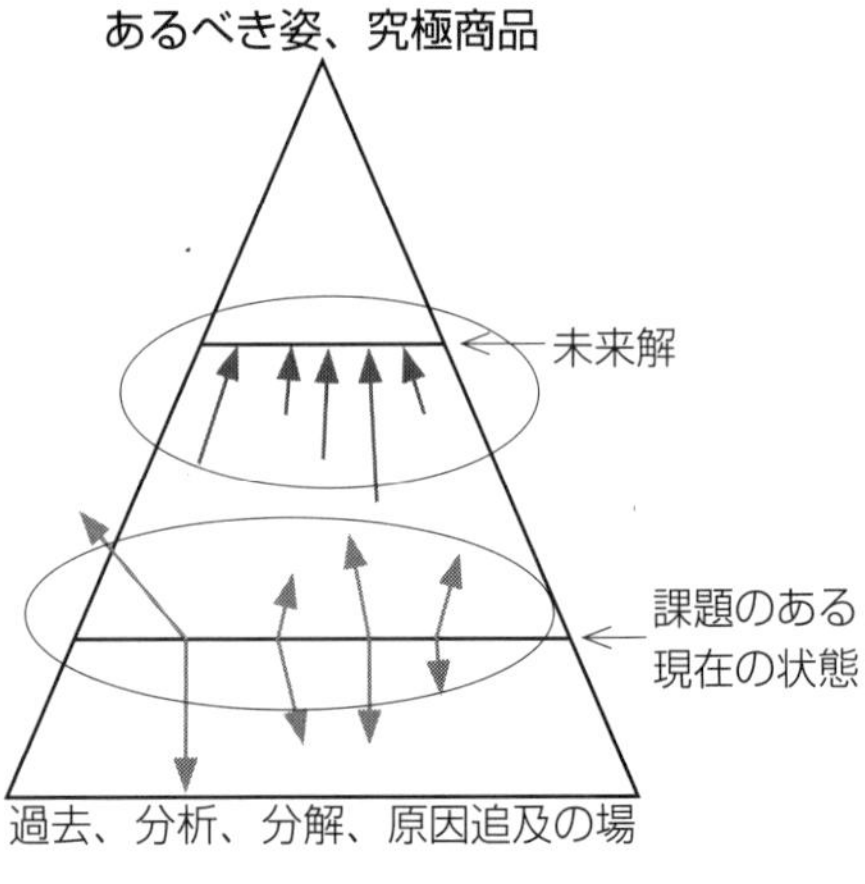

図3-1　未来解のイメージ図

未来解をもつと、未来に向かって登っていこうとするパワーが不思議と働くようになる。今はできなくても近未来的に可能で今よりも画期的に課題が解決される未来解が、生き方や考え方を一変させることにもなる。

未来解の原則（あるべき姿の原則）では、着眼目的まわりで具体的な解決システムのアイデア部品をどんどん出していく。ここでは、現状では考えないといけないさまざまな制約条件はゆるめに考えて取り組むことである。アイデア出しではシステムの原則とシステムモデルの利用が有効である。着眼目的まわりの解決システムの入力と出力、価値観、ものさしなどを意識しながら未来解を形成することである。

また、未来解を構成する段階では、レギュラリティの原則の活用が有効である。レギュラリティとは、例外事項を含まない「主要な条件」「重点項目」を考慮だけして、まず解決策を考える考え方で、物事を考えるときにとても役立つものである。どんな解決策も一〇〇％の人の支持を得ることは難しい。八〇％の確率で同意できるようであるならば、例外的に障害となるような問題点はとりあえず考えないで、未来解を考えることである。そのうえで、次の生解の原則（継続変革の原則）で、例外事項を処理するサブシステムを創ることが重要である。

(7)第七原則――生解の原則（継続変革の原則）

デカルト思考は、朝礼暮改を認めない。しかし、乱気流時代では、犬に吠えたてられた羊の群れのように、つねに動いている。

ブレイクスルー思考では、理想的な未来解をめざして、つねに変化する「生きた解決策（Living Solution）」を原則とする。未来解は、例外事項、想定外の条件を考えなくて、目的を達成する理想的なあるべき姿をデザインする。生解は、その未来解ができてから、例外事項、想定外の条件に合う解決策をサブシステムとして考えることになる。

なぜ例外事項から考えてはいけないかといえば、例外事項は無限にあり、解決策が複雑になってしまうからである。とりあえず「重点思考」を用いて、未来解を創ることである。未来解でまとめられた案をできるだけ現状の条件も取り入れて、システムマトリックスを活用しながら具体的で実現可能な仕組み（生解）に落とし込んでいき、実現して成果を出すことである。

前述した「クロスSWOT分析」を未来解にかけてみると、未来解のまわりの自社の強み弱みや市場の機会や脅威の環境分析から新たな生解を得られる可能性が高まり、激動する時代の解決策を得ることが可能になる。

以上、ブレイクスルー思考の七つの原則を簡単に説明してきた。

ここで注目していただきたいことは、この七つの原則が、従来当たり前と考えられてきた原則とまったく反対であることである。以下の節で、「デカルトマーケティング」のもとになっているデカルト思考と「ブレイクスルーマーケティング」のもとになっているブレイクスルー思考を比較して、いかに反対の考え方であるかを理解し、羊飼いマーケティングを導き出そう。

2　補完し合うまったく反対の思考パラダイム

今までみてきたように、従来のデカルト思考とブレイクスルー思考は、まったく反対の思考パラダイムであることが明白になってきた。簡単に二つの思考パラダイムを比較しておこう。

①哲学・認識論のレベルでいえば、デカルト思考は実体観であるが、ブレイクスルー思考は、システム観という認識論を用いている。世界観としては、デカルト思考は機械論を用いている。ブレイクスルー思考の世界観は、システム観で互いが連動しており、切り離せない有機体の世界である。

②デカルト思考での本質追求とは、真実・事実を追求することで、すべての軸は真実であり事実である。ブレイクスルー思考での本質追求とは、目的を追求することで、すべての軸は目的である。それゆえ、真実や事実を追求する思考として、デカルト思考は非常に効果的である。解決策やあるべき姿を追求する思考としては、ブレイクスルー思考が有効に働くことになる。

③デカルト思考は、分析・分断論で、部分から全体をみる思考である。すべてをバラバラにし、対立させ競争させるというゼロサム（勝者・敗者）社会である。ブレイクスルー思考は、展開統合思考で、拡げて全体から部分をみる思考である。全体と個の調和を求めて相

互関連に注目し、統合と共鳴、響創を求めるもので、ポジティブサム（勝者・勝者）社会である。

④デカルト思考では、過去の延長線上に未来があり、過去と現在から学ぶことをすすめている。そのために、過去と現在を分析し、真実や事実をもとに解決策を考える。この思考は、過去の問題を取り扱うことになる。ブレイクスルー思考では、過去の延長線上に未来はないという仮説を立て、未来から学ぶことを推奨している。そのために、物事の根源・本質からあるべき姿を考える思考を用いている。この思考は、未来の解決策を扱うことになる。

⑤デカルト思考の文化は、疑惑ゲームを用い、「なぜなぜ問答」を繰り返し、犯人探しをする。真実や原因追及に使われる。ブレイクスルー思考では、信用ゲームを用い、「何のため、その目的は？」と禅問答を繰り返し、恋人探しをする。創造的環境を引き出し、解決策探求にすぐれた効果を発揮する。

⑥デカルト思考では、与えられた課題・問題領域を分析し、正しく処理し、最適解を出すことに努力するのに対し、ブレイクスルー思考では、与えられた課題や問題を検討し、正しい課題・問題に取り組み、解決スペースを拡大することから、問題解決をスタートする。

⑦デカルト思考の情報収集は、「知識は力なり」というパラダイムで、真実の精度を上げるために、「できるだけ多くの情報」を収集する。その情報は、問題を発見するための情報

であるので、「問題に関する情報」を多量に集めることになる。それゆえ、問題の専門家を創り出してしまう。現代は、どこに問題があるかがわかっても解けない問題が多いのである。ブレイクスルー思考では、解決策を創り出すために、「解決策創造に必要な情報」を最小限に集める。「知識を活用することが力なり」というパラダイムの世界である。それゆえ、解決策の専門家を創り出すことになる。

⑧デカルト思考では、類似性に着眼し、他社から学べ、事例から学べという問題解決法をとる。世界共通の「一般解」を求める。ブレイクスルー思考では、ユニーク「差」に着眼し、特定の条件に合った「特定解」をデザインするという考え方を用いる。

いかがであろうか。デカルト思考とブレイクスルー思考は、まったく反対の思考のパラダイムであることが理解できたであろうか。この二つの思考パラダイムは、反対であるがゆえに「思考を変える」ことができる。しかし、反対であるがゆえに同時に使うことができない。瞬間に変えてもよいが、一時点ではデカルト思考かブレイクスルー思考かのどちらかを使っているはずである。信用ゲームと疑惑ゲームが同時に使えないのと同じことである。新しい羊飼いマーケティングは、この二つの思考パラダイムを自由自在に使いこなすことである。

最後に、デカルト思考とブレイクスルー思考の比較表を創っておこう（表3-2）。激動する現代社会においてのマーケティングでは、従来の思考のみならず、ブレイクスルー思考が、必

表3-2　デカルト思考とブレイクスルー思考の比較表

比較項目	デカルト思考	ブレイクスルー思考
世界観	機械論	連動する有機体
認識論	実態観	システム観
可視？	目で見える	目で見えない
根本とは	事実	目的
探求するもの	事実の探求	解決策の探求
方法論	分析・分断論	統合論
取りかかり	事実の探求	統合軸（目的）の探求
思考道具	分析道具	目的展開
思考方向	部分から全体	全体から部分
関係性	対立・競争	統合・響創
勝者・敗者	ゼロサムゲーム（勝者・敗者）	ポジティブゲーム（ともに勝者）
時間軸	過去の延長線上	過去の延長線上に未来はない
学ぶ対象	過去から学ぶ。事例研究	未来から学ぶ。あるべき姿・再定義
思考方向	過去から押し出すプッシュ思考	未来から引っ張るプル思考
対象	過去の問題	未来のあるべき姿・課題・解決策
質問	「なぜ？」と聞く	「何のため？　どうあるべき？」と聞く
追求の対象	原因追及	根本・あるべき姿の追求
文化	疑惑ゲーム（なぜ？）	信用ゲーム（何のため？）
犯人・恋人	シャーロックホームズの犯人探し	アインシュタインの恋人探し
思考パターン	収束思考	展開統合思考
解決策	一般解・普遍解	特定解
着眼点	類似性に着眼	ユニーク差に着眼
場の認識	類似問題・先例・事例研究	場の設定（主役、空間・時間）
レファレンス	事実・真実・先例・事例	根本・目的
思考の方向	現状ベース・相対ベンチマーク	究極思考・絶対ベンチマーク
注目点	例外事項に注目する	レギュラリティに注目する
システム視点	部分的・個別的・仕組みなし	全体性・連動性・仕組みづくり
問題解決法	問題を正しく解く	正しい問題を解く
解決策空間	与えられた解決策空間・時間	解決策空間・時間を拡大する
情報収集	最大限の問題に関する情報収集	解決策に役立つ最小限度の情報収集
情報・知識	情報・知識は力なり	情報・知識の活用が力なり
専門家の種類	問題の専門家	解決策の専門家
参加と参画	専門家集団・対立妥協・防御的	集合天才・文殊の知恵・喜んで参画
未来観	未来は固定している。青写真	未来は動いている。映画

然になりつつあることを再認識していただきたい。

以上のように、まったく反対の思考パラダイムを用いてマーケティングを考えれば、当然のことながら、まったく違ったマーケティングが出現する。「マーケティングが、ブレイクスルー思考で変わりそう」と期待がもてたであろうか。

以下、この二つの思考パラダイムで実践されたマーケティング実践事例をみてみよう。

●事例１　ある大学の成功例

出生率低下により、日本の社会は、急激に高齢化、少子化が進んできている。そのために、大学経営は、多くの大学で定員割れを起こし、大学経営の危機が迫ってきている。そんな中で、急速に伸びてきた大学を事例として取り上げておこう。

この大学は、一九八〇年代の初頭まではスポーツを売りものにして大学経営がなされていて、スポーツブランドの大学であった。しかし、この三〇年間で新たな理事長のリーダーシップにより、この大学は大きく変化し、地区一、二を争う大学に変身してきた。この成功事例をブレイクスルーマーケティングの視点から、垣間見ておこう。

①ユニークさの原則（ユニーク差の原則）

基本的には、ものまね厳禁を貫いてきた。他大学より一歩先の戦略をとることにより、話題性を出してきた。たとえば、スポーツ大学が、「人工知能に取り組む」「産学協同研究をスタート」「宇宙衛星大学の創設」「市民会館の命名権を買う」など、話題にこと欠かない取り組みが行われてきた。そのため、新聞やテレビなどメディアは大ニュースとして取り上げ、「ワンワン」と吠えたて、自然に世間に「新たなイメージ」を植えつけていった。

②目的的情報の原則（目的適情報収集の原則）

大学を変革することを決めたときに、まず全体を鳥瞰《ちょうかん》する意味で、人口動態に目をつけて、二〇〇七年には顧客の動向、すなわち大学入学者が最低になって大学経営が困難になることを見通し、改革の方向性を見定めた。これは、システムの原則にも当てはまるが、「森を見る」情報収集を行い、長期的な展望で解決策創造に必要な情報を集めることを行った。

もう一つ重要なことは、トップが率先して、文字化された〝コールド情報〟ではなく、多くの人々の生の声の〝ホット情報〟を集める努力がなされ、目的的情報の原則を厳守した。

③システムの原則

大学をシステムとしてとらえて、アウトプット戦略として、就職を確実にさせるような条件を整える。そうすると就職率が高くなり、インプット、すなわち入学者が増加する。そこで必要なスキルを身につけさせるために、「ダブルスクール構想」を持ち込み、資格センターを創設して、大学卒と同時に「中小企業診断士」「宅地建物取扱主任者」「国家公務員1

種」などの資格保持者にすると、アウトプット戦略が強化される。もちろん同窓会組織の充実（アウトプット戦略）、インプット戦略として、オープンキャンパスの実施、高校との一体化など、このシステムの原則を用いて、さまざまな仕掛けが実施された。また、この大学は、野球で有名な男子高校をもっていたが、野球以外はイメージが悪く、全体のレベルの足を引っ張っていた。そこで、まず高校のイメージを変えるために、男女共学にして進学校にすることから、学園全体の「イメージを変える」努力がなされた。

④参画巻き込みの原則

大学の関与者には、入学者、在学生、高校生、中学生、卒業生、企業採用担当者、職員、大学教員、高校の先生、両親、母親、スポンサーなど、さまざまな人々が関与している。これらの人々をいかに巻き込んでいくかが成否を決める。とくにユニークなアウトプット戦略との関連では同窓会との共催で講演会シリーズを開催したり、プロセス戦略では各学部に著名な教授を何名か導入したりすることにより、話題性を出すことを積極的に行ってきた。

⑤目的の原則（目的展開の原則）

ブレイクスルーマーケティングの肝要は、この目的の原則（目的展開の原則）にある。当初トップとの打ち合わせで、ほとんどの人々は、大学を改革することが目的だと主張していた。そこで、「何のために大学改革をするか?」「その目的は何か?」「その目的の目的は何か?」と賢問しながら考えていった。その結果、「大学を改革する」ことではなく、「イメージを変える」ことであると、目的を再定義した。この定義は、その後驚くべき成果をもたらすことになった。

⑥未来解の原則（あるべき姿の原則）

そこで、次のテーマは、「イメージを変える」ためには、「どうあるべきか?」ということを考えることである。まず考えたのは、スポーツ大学であったが、「人工知能」や「宇宙衛星」に関する学部を創設したらという仮説を立てて、目的的情報収集を行った。この仮説は、紆余曲折《うよきょくせつ》があり、その後変化しながら、学部の新設やオープンカレッジ、資格センターにつながり、大学の発展に貢献していくことになった。

この仮説は、意外性があったのでメディアはいっせいに飛びつき、その当時の新聞には毎日のように記事が躍った。羊飼いマーケティングの視点からいえば、「ワンワン」と犬が吠えたて、世の中のイメージがガラガラと変わっていくという、非常に効果的な戦略であった。

トップは同時に、職員に対して未来を見通す力を着けさせるために、各部署での二五年計画を三年間にわたり書かせることを実施させた。また各学部には、将来構想委員会を設置させ、つねに未来解を考えさせるようにガイドしていった。

⑦生解の原則（継続変革の原則）

　未来解で考えられたさまざまな仮説案は、現実の条件の中で修正され実現されていった。たとえば、当時の文部省から「人工知能学部」は事例がないので認められないということなので「情報学部」となり、その後「情報理工学部」「工学部」と時代の変化に合わせて変化していった。そして、オープンカレッジ開設など実現していった。

　必要なことはつねに時代に合わせて変化させることで、トップは毎年新学部の増設と学部再編成を繰り返し、大学のイメージを変えさせる努力を続けることを力説したのである。

　過去三〇年間、この大学の教育環境は劇的に変化し、名実ともに「イメージ」はガラガラ変わってきた。たとえば、人間は環境によって育てられるという考えを採用し、ホテルのロビーを思わせる教室や統一された美しい校舎が世間の目を驚かせ、あんな大学で学びたいという「ブランド」が形成されていった。

　次は、七つの原則からはずれたマーケティング戦略を進めた企業の事例を考えてみよう。

●事例２　あるメーカー（A社）と販売店の失敗例

　A社は、昔から地域の販売店を大切にしながら、その販売店だけではカバーしきれない地域には戦略的に直売部隊を投入するなど、販売網を整備して、ずっと成長を続けてきた。しかし、ここにきてその販売店がライバルメーカーからの浸食を受け、しかも地域の有力店が積極的に他社商品を併売し始めている。

A社にとって販売店は、元来、他人資本の会社であり、ライバル他社の商品を扱うことを止めさせることはできない。読者の多くはとくに問題に感じられないかもしれない。しかし、このメーカーは販売店との絆《きずな》を大切にして、長い間他社からの攻勢を防いできた。基本的にはそのメーカーの商品しか販売していないケースがほとんどだったのである。仮に毎月五台の販売実績をもつ販売店が、その一台が他メーカーに変われば、売り上げは八〇%になるし、他社のシェアは確実に伸びることになる。市場が伸び続けているときは大きな問題にはならなくても、飽和状態の市場では大きな問題である。

なぜそういう事態になっていったのか? ブレイクスルー思考の「七つの原則」に沿って、この流れを過去と現在を比較し、何が変化のポイントになったかを考察してみる。

①ユニークさの原則(ユニーク差の原則)

もともと、A社は直売部隊をもたずに、紙の取引などから始まった販売店を主体とした販売網が主であり、それこそがユニークであり、他メーカーがうらやむチャネルがそこにあった。そして、時代の変遷と顧客ニーズの急拡大により、各地の営業所が販売会社の母体となり、各県毎に販売会社が設立され、それぞれの地域の事情にあった販売施策の展開を図っていた。しかし近年、効率化や業務の集約化で地域販売会社がなくなり、一つの大きな傘下に入ることになった。このことにより、地域特性が薄れ、さらに一時期は責任の所在が不明確になった。折しもリーマンショックの影響を受けて、販売が落ち込むことになった。まさに、ユニークさの原則を軽視したマーケティングを行うようになってしまったのだ。

②参画巻き込みの原則

Ａ社は、トップツートップのコミュニケーションとして、販売店のトップやメーカーの役員幹部が一堂に会すカンファレンスを年に一回開催している。その一年の経営方針や方向性を発表し、また販売店の改革事例がビデオで紹介されるなど、双方向のコミュニケーションが図られる。これは継続中であるが、以前あった各県やブランチごとの定期の会合が縮小・廃止の傾向になったと聞く。コスト低減というデカルト思考的な経営により、マーケティングでもっとも必要な参画・巻き込みの原則に反するような経営がなされるようになった。

③目的の原則（目的展開の原則）

Ａ社には古くから「お役立ち」という理念があり、ヒトを大切にする企業風土があった。メーカーと販売店のテーマとして「共存共栄」を掲げていた。そして三〜六カ月ごとに施策などの合意形成や統合をして、販売施策の打ち合わせ、インセンティブの確認などを行っていた。かつては、販売店の体質改善や経営改革の支援、中長期経営計画の作成支援、そして一緒に実行のプロセスを廻《まわ》すなど、共存共栄のための支援を惜しみなくやっていた時期もあったが、現在は定着されず、ほとんど行われなくなってしまった。マーケティングの根本は、顧客の創造である。顧客に役立つサービスを、「徹底的に」提供するという目的を、放棄するようになってしまったのである。

確かに生産的でない会合は意味がない。しかし、会合の縮小・中止決定の前にもう一度、その会合の目的の目的を問うていけば、内容を変えるという選択肢になったかもしれない。また、とりまく環境が一変し、競争が激化して大きな売り上げ拡大が望めなくなった現在、販売店の体質改善や経営改革の支援は、今こそ必要なことではないだろうか？　A社と販売店は、つねにエンドユーザーで稼働する商品の情報を共有できる仕組みもある。もう一度根本に戻り、「お客様へのお役立ちを提供する」と、目的を再定義すると、やるべきことや施策が違ってくるはずである。そして販売店は、併売など考えずに結果的に売り上げが拡大することにつながるはずである。

④目的的情報の原則（目的適情報収集の原則）

さらにA社はかつて、商品のクレーム状況や新商品のヒントを、有力販売店に設計者が直接、足を運んで聞く仕組みをつくって回していた。設計者はお客様に近いところからの生の声が聞けて新鮮な気持ちになったり、販売店は自分たちの声が反映されることに喜びを感じたり、お互いのモチベーションアップや絆の強化に大きな意味があった。また、販売部門のトップが販売店からの声をダイレクトで聞く目安箱のようなシステムを設けたり、緊張感を醸し出していた。しかし、そのシステムはいずれもいつの間にかなくなってしまった。顧客や販売店の「生の情報・ホット情報」をつねに活かす「目的情報の原則」を無視していった姿がここにある。

①～④はいずれも、過去から変化したものを列挙してみたが、これらのことが、専売店としてではなく、他社商品の併売化への引き金になってはいないだろうか。

⑤未来解の原則（あるべき姿の原則）

あるべき姿がデザインされ、お互いの役割が明確になると、目的達成のための戦略が考えられる。新しい機能を持った商品が次々と開発され、その新商品をエンドユーザーにＰＲすれば売れる時代であれば行動量が決め手となり、さほど戦略については考えなくてよかった。しかし、機能が成熟してメーカーごとに特色がみられなくなった現在では、それ以外の付加価値で勝負しなければならない。そのためにも重要な環境変化の認識共有が必要で、そこから顧客と一緒になってあるべき姿を考えるとよい。今までと違い、顧客が多くの知識・情報をもち、顧客の意識も変化してきている。今までのように、作り手が商品を考え、顧客に売るというやり方が通用しなくなってきていることにいち早く気づき、顧客とともに未来を考え、響き合う必要がある。

⑥システムの原則

メーカーと販売店の目的を「業績の拡大による共存共栄」としたとき、「入力は何とすればよいのか？」「仮に入力を商品としたときに、出力までの処理を誰がやるのか？」「どのような能力、仕組みか？」ということを考えなくてはいけない。そのうえで、キチンとした出力（＝業績）を出すための仕組みづくりをトップツートップで構築することが必要である。処理としてはシナリオや戦略マップ、スケジュール、能力向上のための学習など、たくさん取り組むことがあるし、このメーカーと販売店の間では行われてきたはずである。しかし、何より外部環境が変わっていることを、しっかり認識していたかというと疑問が残る。すなわち、何かが変わってきたぞ、このままでは通用しないぞ、ということにいち早く気づいて、手を打つ必要があったのである。シナリオも戦略マップも当然のように変わってきたはずである。システムという概念を経営に取り入れ、経営者が「システム経営哲学」に目覚める必要があるのだ。

⑦生解の原則（継続変革の原則）

メーカーとしては、最小の支援で最大の効果を上げるように考えることは、当然のことである。冷静になって考えると、少し前までが過剰な支援だったのかもしれない。しかし、厚い支援に慣れていた販売店にとっては、それが当たり前に受けとられる。「現場から遠くなった」とか「冷たくなった」としか映らない。早く軌道修正して、それぞれの役割分担を決め、それを着実に実行することである。現代のような乱気流時代では、時代の変化に合わせて、解決策を変化させていく「生解の原則」の概念を使う必要がある。

もう一つ大事なことがある。ユーザーは商品を使用しているエンドユーザーだけではない。ユーザーはメーカーが商品を供給するすべてであり、販売店もユーザーなのである。しかもお金を出して社員を雇い、商品を仕入れて販売してくれる、エンドユーザーよりさらにありがたい存在であるかもしれない。「販売店」は、重要なパートナーであると同時に大事な顧客であると肝に命ずることである。

▼二つの事例から学ぶこと

大学の事例は、七つの原則を意識的にも無意識的にも確実に実行してきた。ものごとのユニークさを尊重し、この大学の特徴を活かし、情報収集を行い、システム的にさまざまな仕掛けを創り、実行して、人々を巻き込み、三〇年間「イメージを変える」という目的に着眼して筋を通し、未来解を明確に考えさせ、現実に落とし込みながら、変化させていくという一貫した思考が貫かれている。一番大きい成功要因は、すぐれたトップの長年のリーダーシップであると同時に、障害を乗り越えるその実行力であった。

一方の事例は、効率追求のみで七つの原則に反するような意思決定をして、マーケティングの本質――「顧客起点」を忘れてしまっていることである。激動する現代社会で経営者が短期で変わり、経営者が変わるたびに経営政策を「思いつき」で変えていくことによって、経営が傾いていく現象があちこちでみられる。

この二つの事例で、いかにブレイクスルー思考の「七つの原則」が、経営やマーケティングに重要な役割を果たしているかを理解していただけたであろうか。

このようにマーケティングとは、「顧客満足・顧客感動を中心軸に置いた顧客志向の企業活動を実現させること」であり、ブレイクスルー思考の七つの原則を執拗に守り抜き、顧客を創造する活動なのである。

第4章 羊飼いマーケティング――イノベーションを生み出す

1 羊飼い（ノマド）マーケティングの目的

「世紀のイノベーター」であるスティーブ・ジョブズは、スマートフォンの iPhone や iPad などのタブレット型コンピュータを普及させ、重要な情報をどこからでも仕入れることができる社会を生み出した。音楽を聴きながらジョギングするライフスタイルなど、その場にあってほしい夢を先取りして提供している。人は現状の制約に固定され、その範囲で考えている。夢をデザインするよりは、問題を見つけて不満を解消していくことに注力してきた。現実という制約の囲いの中に暮らす人たちを、彼は解き放ったのである。

ジョブズのようなイノベーターたちが創り上げた情報インフラとコンテンツネットワーク環境で、場所を選ばず仕事をする人をノマドワーカーと呼ぶ。ノマドとは遊牧民の英語で、われわれが「はじめに」で述べた「羊飼い」を意味する。

われわれは、ジョブズに代表されるイノベーターを羊飼いと考える。羊飼いマーケティングは、デカルトマーケティングとブレイクスルー思考の融合したハイブリッド・マーケティングである。

2 狩猟型モデルと農耕型モデル

デカルトマーケティングは、狩猟型と農耕型の二つの側面がある。一つは、市場調査を行い、その情報をもとにして顧客を探していくものである。いわば狩猟型モデルである。狩猟型モデルは、農耕文化が生まれる前の自然物採集経済の時代から、獲物を求めるために、経験から得た視点で情報をとり、判断し、場を探しながら生きてきた。現在でも、顧客開拓や市場開拓を考えるときに、ほとんどの企業が市場調査という名のもとに、同じ思考で分析して、答えを探している。しかし、実際には顧客が見つからないままで終わったり、ターゲットを決めても打つ手がなかったり、変化を起こせない事例が多くある。

もう一つは、農耕型モデルである。最初は市場での物々交換の場として起こったものであったが、海運・陸運の発達で全国各地の地場特産品が流通し、つくる側、買う側、それを仲介する側をうまく結ぶことを考えるようになった。農産物や海産物だけでなく、地場の職人がつくり上げたさまざまな商品も流通していった。これは、ものづくりのバリューチェーン（価値連鎖・価値付加）であり、現在の製造業や卸売業の活動に通じるものである。

ドラッカーは日本研究での業績がある。日本の江戸時代の呉服問屋の越後屋の資料を研究し、ものづくり型のマーケティングの原点をみたとコメントしている。当時の越後屋は、江戸という特殊な都市の特徴にあった戦略を考えていた。人口の半分近くを地方から来た大名、旗本、御家人など武士階級が占めていた。残りの半分が職人と商人であった。地方から来た大名たちには、その地方の人が好む原産地別の反物を、貧しい職人層には「娘にはそれなりの着物を着せてやりたい」親心を考えた安価な反物も用意していた。柄も同様に調べて対応した。着物が嗜好《しこう》品であることをよく理解しており、家でそれを着る本人が気に入らなければ返却を受けた。

この農耕型モデルが、デカルトマーケティングにおいて現在も中心になっている。

ユーザーの現状を分析し、また経済状況の違いを調べ、顧客をセグメントして分け、ターゲットを決め、ターゲットの要望や特徴をさらに細分化すると、コトラーの定義する顧客タイプが生まれる。T・レビットは、化粧品を買う目的は「美を創る」ことにあると、顧客を考えるときに価値、効用、コンセプトの重要性を説いた。その決定のためのプロセスは、過去・現在の情報の分析である。またゴール目標は、売りたい人の視点で数値目標が設定されている。

3　羊飼いマーケティングは〝響創〟を実現する

デカルトマーケティングの目的は顧客の要望を聞き出し、自分の販売したい目標を達成することである。

デカルトマーケティングでは、顧客をどう考えるのだろうか。市場特性をみるとき、状況を分析して、特性情報を分類して顧客の価値について普遍解を求める。そして、現在、過去から学んで、経験則から未来の顧客の姿を考える。過去の延長線上にある未来を発想して描き、行動計画を作成し、コントロール方法を設定する。顧客起点、顧客満足を重点に置こうとして模索しているが、思考方法が過去・現在の分析中心のために、商品のライフサイクルが短くなり、売れない商品が増えている。

一方、あなたも私もともに栄えるビジネスモデルが、羊飼いマーケティングである。羊飼いマーケティングとは、「客とともに育っていく」ことと定義できる。

羊飼いは、羊が育つための支援を行う存在である。羊飼いマーケティングの目的は、顧客と一緒に顧客の目的に向けて〝響創〟することであり、顧客とともに育っていくことである。羊が健全に育つことが羊飼いのメリットになるのである。

４　羊飼いは「一般解」から離別し、「特定解」を求める

羊飼いたちは、普遍性をもった「一般解」は求めない。またそんなものを信じない。感動を探し、「特定解」を求める。つねに変化するありのままを見つめ、重点思考を使って成果を生み出す解決策をもつ。あらゆる固定観念から自由であり、未来から示唆を受ける感性を、あるべき姿を描く。

今の音楽シーンをリードするレディ・ガガは、自らを「ダウンロードの女王」と呼ぶ戦略を立てた。音楽とファッションとパフォーマンスを一体に考え、あらゆるメディアの場で、メッセージを「こだわりのある変わった人たち」を対象にして発信し続けた。ＣＤなどのメディアではなく、ダウンロードするスタイルを、生活の中に溶け込んでいく場に、ファッションとの強い絆を求める人たちが求めるものをともに生み出していった。世界中に自分のファンはいると確信をもった。またエイズ・キャンペーン等を広め、自分たちのファン層を守ってあげなければならないと、シンディ・ローパーと一緒にボランティアで世界のファンにメッセージを送り続けている。彼女は、ファンが求める「特定解」のみを追求している。その他の人の目を気にしない。しかし、二〇一〇年以降、彼女はダウンロードの女王だけでなく、ＣＤ販売を含めてすべての音楽記録において、トップシーンにいる。音楽シーンにおいても、羊飼いマーケ

表4−1　デカルトマーケティングと羊飼いマーケティングの比較

区分	意味するもの	デカルトマーケティング	羊飼いマーケティング	ブレイクスルー思考
羊	顧客	販売したい目標を達成するために顧客関係を構築する。	顧客と一緒に顧客の目的に向かって進む。響創していく関係を構築する。	参画巻き込みの原則 目的の原則
犬	顧客への情報提供、働きかけ	市場調査により状況分析して、顧客に提供すべき価値を決める。	顧客の望む未来の棚を一緒につくり上げていく。	目的的情報の原則 システムの原則
羊飼い	顧客に必要なものを考え、提供する人	標準的なサービスとなるものを追求し、効率よいビジネスを創造する。	顧客が感動する場、コトを探し、特定解を求める。	ユニークさの原則
		過去、現在の延長線上にある将来像を想定して、ゴール目標を設定する。	つねに未来から示唆を受ける感性をもって、あるべき姿を追求し続ける。	未来解の原則
		過去、現在から学んで、経験則から予測して、実際の活動を決める。	つねに変化する中で、固定観念をもたず、ありのままの事実をみている。その中から未来への道筋を見極めている。	生解の原則

ティングは大きな変革を生み出している。

羊飼いマーケティングは、感動を探し、「特定解」を求め、つねに変化する社会に対して重点思考をもって解決策を生み出す。自由な魂によって、つねに変化する未来からの示唆を受けとる感性をもって、顧客と響創しながら、あるべき未来をリードしていくのである。

5 「仕組み」を提供する〝羊飼いの犬〟

乱気流時代を勝ち抜くための処方箋ともいえる、羊飼いマーケティングで最重要なこと、それは〝犬〟の存在である。顧客の目的に向けて一緒に歩んでいける「仕組み」を提供する存在が、犬と羊飼いが使う〝犬笛〟である。

インターネット社会になって、個人が扱える情報量は数十倍になった。単なる広告宣伝として認知される情報では消費者は動かない。アマゾンなどのネット書籍・ＤＶＤなどの販売サイトでは購入者の情報を分析して、「あなたと同じ商品を選んだ人は、このような商品を他に選んでいます」「あなたにはこのような商品が合うのでは」と、専門的知見やデータ類似性をもとにしたタイプ別アドバイスを行っている。最大手のＤＶＤレンタル会社では、いわゆる「〇〇オタク」といわれる複数の分野の社員を採用して、ユーザーに提案する知見づくりを進めている。デカルト情報とその分野のファシリテーターが推奨する価値観とをハイブリッドしている。コミュニケーションのあり方は、すべてが個人対個人の形式をとっている。〝個客〟として一人ひとりに有効な情報と思えるものを選別して提供する仕組みが、情報洪水のネット社会においてはとくに有効である。

ネット社会は疑惑に満ちた情報だらけなので、一方的な発信は疑惑ゲームを生み出し、効果が上がらない。個客一人ひとりとの信用ゲームを確立するための仕組みと継続革新し提供されつづける情報の質が〝羊飼いの犬〟にあたるのである。

一例をあげよう。

大手百貨店のデパチカと呼ばれる惣菜《そうざい》サービス売り場では、知名度の高いブランド商品を並べても成功しない。その他の大型商業複合施設でも、惣菜サービスは重要なファクターになっているからだ。新装開店後の売り場をよく見てほしい。過去の有名店が中心に並んでいる施設と、まだ大きく展開していないチャレンジ精神の高い店が並んでいる施設に分かれている。筆者は、後者を支援してきた。なぜなら、惣菜を考えるときに地域性という要素が非常に大きいからである。有名店はオープン時には客を引っ張れる。しかし、数カ月すると味で判断される。一回食べれば満足なものか、頻度多く購入して食べたいのかが、大きな分かれ目である。後者のスタイルで成功している商業施設は、惣菜の種類ごとにモニターから「特定解」をしっかり引き出している。全国的な標準的な売れ行きや過去の売上げデータだけでなく、この対象とするエリアにおいて何が重要な要素かを見抜く活動である。

羊飼いたちが進めているのは、エリアにおける世代別の情報ネットワークの形成をデザインしていく活動である。口コミやネットコミである。商業施設経営側から発信される情報や専門の評価サイトよりも、モニターや早期来場者を通して流れる個別の人たちの「特定解」情報の展開である。この情報網での高い品質を維持するためには、モニターを通しての継続的で迅速な商品改善しかない。大型の惣菜売り場においての羊飼いの犬は、自社のサイトでもなく、専門サイトでもない。地場のコミュニティとの響創なのである。

いわば、羊飼いの犬は、信用ゲームが実行できる仕組みとその中で運営される響創マネジメントを示している。

6　羊飼いマーケティングは新しい潮流を生み出す

羊飼いマーケティングは、ブレイクスルーマーケティングとデカルトマーケティングがハイブリッドされたものである。市場や顧客を見出す手法は同じでも、使うときの目的が違う。羊飼いマーケティングは、マーケティングの新しい潮流を生み出している。

ここまでジョブズやレディ・ガガなど世界のイノベーターたちの事例をみてきた。その他、フェイスブックを仕掛けた若者たちなど、羊飼いマーケティングの実践者たちが、乱気流の時代に新しい価値あるビジネスモデルを生み出している。

欧米だけでない。日本でも、羊飼いマーケティングによる新しい価値が生み出されてきている。急成長をしているベンチャー企業から、世界をリードし続ける大手企業にまで広がっている。羊飼いマーケティングの目的は、顧客と一緒に顧客の目的に向けて響創することであるので、じつはすべての企業で活用できるのだ。

たとえば、ＳＮＳベンチャーのコミュニケーション価値深耕発想がある。ベンチャー企業が株式上場等を経て、プロスポーツのオーナーとなっていくとき、その存在を日本中が知ることになる。通信会社やネット販売、ＳＮＳサイトなど時代を象徴する成長会社がプロスポーツのオーナーとして名前を連ねている。新しい旗手として現れてくる企業は、個人をターゲットにした羊飼いマーケティングを実施している。

ＳＮＳサイトでの成長企業は、ほとんどが羊飼いマーケティングの実践者だ。匿名、あるいは実名でのネット上のコミュニティ活動とゲームでの見知らぬ人同士の連携対応、ネット小説などの創作活動の支援など、総合的な広がりをみせている。一千万人以上という登録者（羊たち）に対して、個人一人ひとりに個別のメッセージ（犬が伝えるメッセージ）を送り続けている。

「フリー（無料）」で十分に楽しめるサイトデザインをしているが、課金サービスを利用するとゲームにおいて強くなれる、というネットゲームの手法を推進している。保守的なゲーマーの発想では、攻略本を読み込んで強くなる以外は邪道であった。ここでは、数十万から数百万人のゲーム競争の中で、課金サービスを利用すると、どんどん強くなっていくのである。この背景には、パソコンや携帯電話でボタンをクリックして進んでいくことで、どんどん夢中にさせていく心理分析とコンテンツ開発をしている多数の開発チーム（犬笛）が存在している。

コミュニケーションの面でも誕生日のみ正直な情報として入力しておけば、多い人で数十件のやさしい言葉が書かれたバースデイメッセージが、ゲームでしかかかわりのない見知らぬ人から送られてきて、感動したという話を多く聞く。リアルな世界より、幸せなメッセージを多く受けとるのである（犬のメッセージ）。SNSサイトの某社では、創業チームがはっきりした事業思想をもっていた。「教室で一年間、挨拶以外に口も聞かない同級生より、匿名でも自分の思いを伝え、一緒にゲームで戦っている人のほうが友だちであると思う。疑惑ゲームで動くサイトでなく、自分たちが介入して、サイト内では信用ゲームで動く世界をつくり上げ、ユーザーと一緒に創り上げていければ絶対に成功する」と語っていた。ネットゲーマー、SNSのコミュニティ、アーティスト志望者などに対して、一緒に感動を探しながら特定解を求め、変化するネット社会に対して、重点思考をもって解決策を生み出しているのだ（羊たちのことを考えた放牧シナリオを描く、羊飼い）。

人間を重視し、愛する強い気持ちをもって、未来からの示唆を受けとっている。個人一人ひとりと響創しながら、あるべき未来をつくり上げてきたのである。すべてのSNSサイトは、創業当初は批判を受けて逆風の中にあったが、今はフォーブスの世界企業オーナー番付に数少ない日本企業

として経営者たちがランクインしている。

7 世界をリードする製造業の〝仕事水先案内人〟発想

日本の製造業には、世界レベルで高い競争力をもっている企業が多い。インテルが開発したCPU機能をコンピュータ業界より前に制御として活用していたのは、日本の工作機械業界である。建設機械業界も世界トップクラスの技術力をもっている。総合OA機器業界も世界をリードしている。これらの業界は、BtoB（企業対企業）のビジネスにおいて、羊飼いマーケティングを実施している。

今節は、建設機械業界を例に述べる。

建設機械の最大の市場は中国である。中国では建設機械メーカーは急成長中である。機械自体の製造能力も上がっている。重要な部品は日本等の世界トップクラスのものを使っている。将来的には、日本企業も商品性能では差別化できなくなるリスクが拡大している。

建設機械は高額商品であり、特定の用途に使われる。建設機械業界は、商品のライフサイクルの段階別に数十年前から精緻な提案をしてきた。そんな中、GPS機能を搭載するようになって、各社の競争原理が変わった。建設会社、土木会社自体が情報分析をして作業改善をすると、時間がかかり膨大な作業コストが発生する。そこで、個客一社一社にとって重要な土木・建設作業にかかわる詳細情報、機械操作によって発生するすべてのデータを建設機械会社が代行して分析するようになった。そして、安全・快適性だけでなく、生産効率を高める提案をするようになった。

顧客の囲い込みをめざしたサービスであったが、現在ではデータを分析してフィードバックしただけでは個客は満足しない。建設会社・土木会社は、継続的な生産性改善が使命である。現場ごとに効率を上げるための取り組みの前提条件が変わってくるので、対象とする個客以外の知見を織り込んだ提案が要求されている。オイル交換等の最適な前段階の案内等はもちろん、現場特性に応じた作業性改善、コスト改善案を自社の各部門、関連会社の情報・知見をハイブリッドして企業ごとの特定解として提供する競争に入っている。中国および新興国のライバルに打ち勝つために、危機意識をもって取り組んでいる。建設機械を提供しているのではなく、建設機械に投資することで、生産性の改善や収益の改善を提供しているのだ。この付加価値の競争力を失うと、建設機械業界内での日本企業の地位は急落するとの見方もある。建設会社・土木会社である個客一社一社と響創しながら、あるべき仕事の未来をつくり上げているのである。特定解を生み出す提案力が競争力の源泉である。

8　現場での響創の仕組みが人を成長させる

ある会社の事業の一つに人材育成サービス業がある。人材サービス業界も羊飼いマーケティングの時代に入ろうとしている。

サービス企業が企業や官公庁に対して行う人材育成の支援には、仕組みづくりと実際の教育代行がある。人材育成サービス業界で課題となっているのが、「研修をやっても、実際の成果との関連がみえない」「部門の担当が意識を変えても、上司の指示が変わらないかぎり効果は出せない」という悩みである。従来のスタイルの研修を継続して、人材育成に本当に寄与するのか？　という疑問は日々大きくなっている。

実際に研修活動と現場の日常活動が相乗する仕組みが必要になっている。筆者は、クローズされたＳＮＳのシステムを活用して、研修生と研修生の仕事推進の関与者、先輩、上司が、研修の実践テーマ推進について、一定のルールで、支援コメントや、提案を出し合って対処するシステムを提案してきた。情報管理の問題もあり、採用企業は少なかった。しかし、ツイッターブームやフェイスブックブームによって、取り組みを検討する企業が近年急増している。

この教育ＳＮＳの仕組みはシンプルであるが、問題解決のためのコミュニケーション構造の可視化という大きな効果を生み出す。

実践課題を解決するための研修を支援する場合も多いが、そこでは参加者は自律的に目標設定している。研修生は自分で決めたことであり、実際に職場の問題を解決することにもつながるので必死で取り組む。この研修生を励ますＯＪＴリーダーとしての先輩、そして直属の上司（その上の上司が参加する場合もある）と、この仕事を達成するために関連する人たちをＳＮＳメンバーとして巻き込んでいる。本来であれば、研修生を育成するための仕組みであるはずだった。しかし、組織にはいろいろな問題が起こる。一五名が参加したケースでは、一五組の職場の多くの人々も関与者として参加している。参加している職場の上司が結果管理となるコメントをしたり、非協力的な部門があると、組織の問題や上司の問題が浮かび上がってくる。本当の問題がみえてくると、組織として何をすべきかが全員で共有できるのである。

実践型の研修で、上司のマネジメント力や組織問題の改善等に活用できる。本当に人材を育成するための人的生産性を高めるために、何が必要なのかがみえてくる。従来の一部の個人に対しての人材育成では実際の組織を変える力にならなかったが、この実践型研修の推進のために設定したＳＮＳサイトにより大きな変革を遂げた企業が増えている。ＳＮＳサイトで可視化された情報に対して、コラボレーションチームの専門家がどんどん知見を活かして提案している。研修の数十倍のコストがかかる実践的なコンサルティングよりも高い効果をあげる場合もある。旧来の高額のコンサルテーションに対して、破壊的イノベーションとなる商品である。

COLUMN

信用ゲームと疑惑ゲーム

ものごとを考えるときに、信用ゲームと疑惑ゲームの思考パターンがある。疑惑ゲームは、従来のデカルト思考の思考パターンで、真実や事実を把握するときに「疑う」ことから考え始める。信用ゲームは、解決策を求める思考パターンで、すべてを肯定するところから考え始める。この二つの思考は、ちょうど反対で同時に使うことはできない。どちらかの思考パターンを優先して使うことになる。

羊飼いマーケティングは、解決策を考えることが重要であるので、信用ゲームが主役になる。以下、二つの思考の比較である。

信用ゲーム（疑惑ゲーム）

- すべて肯定（すべて疑う）
- 足し算（引き算）
- 掛け算（割り算）
- イメージ（論理）
- 仮決定（明確化）
- 全体から部分（部分から全体）
- 解決策は無限（正解は一つ）
- 評価・対立厳禁（評価・対立）

響創会議で大発展

問題解決をファシリテートデザインされた教育SNSサイトコミュニケーションルールという〝犬〟と、そこに生まれた情報を判断して改善策をしかける働きかけとしての〝羊飼い〟とその〝犬笛〟の存在が、革新を生み出したのである。

個人一人ひとり、企業一社一社に特定解を提供するためには、属人的な対応だけでは困難である。羊飼いマーケティングとは、情報をリアルタイムに把握する仕組みで得たデータを解析するのではない。まず人間中心の思想をしっかりもって、個客と響創しながらパートナーとしての信用ゲームを形成する。ここでのやりとりに対して、ブレイクスルー思考にもとづき知見を提供し続けるのである。ここで提供される情報視点は、未来の棚から引き出されているのだ。過去・現在の事実だけからではない。羊飼いマーケティングは、乱気流の時代を勝ち抜く羅針盤なのである。

以上の説明をまとめると、羊飼いマーケティングのポイントは、次の四点がとくに重要である。

①人間中心の思想をもつ。
②顧客に普遍性をもった「一般解」でなく、感動を探し「特定解」を求める。
③信用ゲームが実行できる仕組みと響創マネジメント。
④あるべき仕事、サービスの未来をつくり上げる。

9　さまざまな国での羊飼い（ノマド）マーケティング

乱気流の時代に仕事をしていく中で、同国人とばかりの仕事をしていくことは、非常にまれとなるだろう。ブレイクスルーマーケティングとデカルトマーケティングをハイブリッドした羊飼い（ノマド）マーケティングを応用することで、さまざまな国に赴任しても、異文化の問題として棚上げしないで、全員が信用ゲームを行って響創し合う解決力が生み出せる。

海外赴任後に大きな困難に直面した日系企業の社員が、失敗を克服していく実際の事例をとおして、羊飼いマーケティングがどのように実践で活用できるかを考えてみたい。

●事例1　メキシコでの日系自動車部品メーカー工場
――5S活動の失敗から「一般解・標準解から特定解への転換」

メキシコの人たちの心がつかめない！

大手の自動車電装部品会社の国内のマザー工場に勤務していたA氏は、メキシコの工場で大規模な生産ラインを立ち上げることになり、生産技術の中堅技術者が急募され、ほとんど何の準備もしないまま海外赴任することになった。先輩である部長がいて、現地法人の社長も日本人だったので安心していた。ところが、部長が重病に罹《かか》り日本に戻ってしまった。その一カ月後、経営改善ができなくて悩んでいた社長が突如退職した。メキシコ工場でのライン立ち上げと現在の生産性改善活動を指導できるのは、A氏だけになってしまった。中国やタイ、東欧にあるそれぞれの工場に問題があり、支援するスタッフは日本からは誰も派遣できない状況であった。部長と社長代行を一人でこなさなくてはならないA氏は困ってしまった。

このエリアの従業員は、六カ月でほとんどがやめる。継続的な技能習熟を基本に生産性をあげてきたA氏にとって、何から取り組んでいいかがわからなかった。日本で培ってきたノウハウが、ほとんど実行できないのである。悩んだ挙句、5S（整理・整頓・清潔・清掃・しつけ）活動を行うと決めた。

「あいさつをきちんとする」「使用したものは必ず元の位置に戻す」「時間を守る」「約束したことを確実に果たす」などは、世界中共通のことだと思ったからだ。

しかし、実際は違った。

5S活動を工場の管理職スタッフやリーダークラスを集めて説明した。皆は目をつりあげて、怒りをあらわにした。

「清掃のスタッフをリストラするということですね！」

A氏はそういうことではなく、仕事の環境をよくし、快適に仕事をして生産性を上げる活動であることを理解してほしいと一週間繰り返して説明した。役職が低くて代行者であるため、交渉には時間がかかった。

次の週、社長代行であるA氏は自ら模範となるやり方をみせた。物を整理し、仕事の動線を明確にしていった。一週間かけて、工場を一巡して、個別に作業場ごとにやってみせた。また、

A氏は、やってくれた人たちをしっかり褒める準備もしていた。

休みが明け、A氏は、どんな褒め言葉を言おうかと現地の言葉を数種類用意していた。しかし、その活動を見て呆然《あぜん》とした。

自分の作業場のまわりだけは、A氏の言ったとおり実行していた。しかし、ゴミや整理しにくいものは隣の担当者の間に置いたのである。また机を持っている人は、どんどん床に不要なものを落としている。A氏は頭にきて「何で、そんなまわりを汚すようなことをするんだ」と大きな声でその職場の皆を叱《しか》った。職場の人たちはきょとんとした顔をした。そして、一人の女性が答えた。

「机の下からは、清掃員の人たちの仕事でしょ。Aさん何を怒っておられるのですか？　私たちは、理由がわかりません」

A氏が何かやろうとして進めた5S活動で工場全体が汚くなり、働く人々はA氏を信用しないようになった。

A氏はこれではいけないと考えた。掃除用具を買って職場ごとにおいて、ゴミを捨てる場所も決めておこう。そして、そのやり方を徹底しよう。誰でもできるはずだ。

A氏は、各職場を回って掃除用具を置いていった。その使い方をすべての職場で実践してみせた。A氏の信頼する上司は、軍人として高名な山本五十六の言葉が好きで、「やってみせ、言って聞かせて、させてみて、ほめてやらねば人は動かじ」といつも言っていた。A氏はメキシコに赴任するとき、手帳の後ろにこの言葉を書いていた。

翌日、職場の掃除用具の二割が紛失していた。掃除用具を使っている人は、半分もいなかった。悔しくなったA氏は、その日になくなった掃除用具を買い揃《そろ》えたが、翌日には一割なくなっていた。

A氏は、何をすればいいのかわからなくなった。自分の生産に関する技術はすべて、人の能力を習熟させることが前提で、この5S活動では使えないことが判明した。自分の大好きな人材育成の方法では、自分が孤立していくだけであった。

羊飼いマーケティングの内部活用

苦しんだA氏は、同僚に電話した。自分がやってきた失敗、そして、壁を感じてどうすればわからないと正直に語った。彼は、同じ上司に育てられた仲間であった。

「Aさん、そのやり方は日本のやり方を押し付けているだけ。それじゃ、うまくいかないよ。山本五十六氏の言葉は、俺も書いて持っていたよ。でも、Aさんが話している先の言葉もあるんだよ」

Aさんは、このフレーズが気に入っていて他を知らなかった。山本五十六の言葉はじつはもっと長いものであった。

「……話し合い、耳を傾け、承認し、任せてやらねば、人は育たず。やっている姿を感謝で見守って、信頼せねば、人は実らず」

Aさんは愕然《がくぜん》とした。自分は自分のやりたいことだけ考えて、現地を見ていなかった。個々に働いている人の心を考えていなかった。

Aさんは考え方を変えた。まず自分を変えることが先だと思ったのだ。

標準のやり方が通じないとき、自分と現地の人と一緒に、メキシコ工場にあった生産のあり方をつくり上げることが一番大切なことなのだ。

Aさんは、まずこう考えた。六カ月でやめる人がほとんどだから、六カ月勤務する人しかいないと考え、この人たちを主役に生産性向上を考えよう。そして、今まですぐやめる人だからといって、彼らに対して批判的だったが、これが当たり前だと思って信用してみよう。

六カ月ごとにやめるので、採用は三カ月ごとに補充した。先に入った三カ月まで経験した人の中で現場指導リーダーをつくり、手当てを補充して、新人たちを三カ月教えていくのである。ほとんどやめるとは思っても、リーダーとなる社員の人たちと食事会をしたり、彼らが知りたい知識を教えていった。そして、ほとんどは六カ月でやめた。が、このやり方で進めていると、給与の高い欧州企業に移った人たちが戻ってくるようになった。この工場の社長代行は信用できるし、三カ月でリーダーの役割をもらえたのがうれしかったと語った。

A氏は、自宅に社員を呼び、ホームパーティを開くようになった。また、本社と掛け合って、年間二名の優秀社員に、日本旅行をプレゼントすることにした。

一年半経つと、社員たちの半分はやめなくなった。習熟した社員が生まれてきたのである。A氏は、この習熟した社員たちに対して、得意技である生産改善手法を伝えていった。A氏の指導どおり生産性は向上し、一番の問題工場からグローバルで生産性指標ではトップ3から落ちることのない工場に変わった。

以前のA氏は標準化思考の塊であったが、人間思考と現地思考をもったとき、特定解を生み出す力をもったのである。この視点は、羊飼いマーケティングを社内に活用したものである。工場にとっては、客の位置づけになるのは働く人々である。彼らは流動しており、気まぐれである。それを支援する存在が、三カ月社員から選ばれたリーダーたちである。彼らは、気まぐれな現場ワーカーたちの側にいながらきちんと面倒をみていった。いつも側にいるだけではなく、ポイントポイントに応じた支援をするのである。上下関係で縛るかたちをA氏はとらなかったのだ。A氏が工場に働く人を認めた信用ゲームにもとづくシナリオが、犬笛にあたるのだろう。羊飼いマーケティング思考で社内の問題に取り組むと、根本的な改革が生まれるのだ。

A氏は、東欧やタイの工場を次々に改革し、現在は中国現地法人のトップとしてこの企業の成長を支えている。

賢問21　この事例では、何が羊飼いマーケティングになっているか？

ヒント　日本を基点とした標準化思考と、グローバル基点での人間思考や現地思考の違いとは何か？　ユニークさの原則で考えてみよう。

●事例2　インドネシアでの日系オートバイメーカーの販売戦略
――「顧客資産としてのオートバイの価値の創造」

東南アジアでのオートバイ市場

東南アジアではオートバイの販売は急増している。とくに人口が二億人を超えたインドネシアでは、一つの工場で一日の生産台数が五〇〇〇台を超えているのだが、オートバイ工場の在庫は一日でなくなってしまうそうだ。

オートバイ市場は、アジアの各国において、最初は日本企業が圧倒的強さをもっていた。しかし、やがて日本以外の企業、つまり現地の企業が、低価格品を設定してシェアを奪うようになったのである。

今や、急増するインドネシアの販売戦略を考える担当者たちは、新車の価格を下げてシェアを守るか、販売台数を下げてでも、利益を守るかの選択に迫られたのである。

ASEAN（アセアン）の南アジアの客の調査結果では、「自国製やT国製の車は安いが、明日壊れてもおかしくないんだ。でも日本メーカー品は三年、いや五年は大丈夫」と品質重視・安全重視で、価格差を納得している人が多かった。

アジアにおいて、オートバイの日本企業の人気は高い。インドネシアの所得からみると、非常に高価な商品である。しかし、多くの若者は今よりもっと明るい将来を信じている。所得も上がっていくという気持ちがあり、どんどん高いローンを組んで購入している。五〇ccのオートバイが旗をもって、三〇台から五〇台でツーリングしているコミュニティも多く生まれている。暴走族ではなくて、走るのが好きな同好会といったイメージである。また日本メーカー品を買いたいが、高くて買えない人たちも多くいる。

それでも、日本以外のアジア系のオートバイ会社の商品の品質は上がってくる。価格差だけが目立ち、日本メーカー品は他国同様にインドネシアでシェアが下がっていくと思われていた。

しかし、インドネシアでは今でも、日本メーカー品のシェアが九〇数%を超えているのである。どんな発想の転換があったのだろうか。

高シェアを生み出した発想転換

仕掛人の一人がこういった。

「オートバイを楽しむ人たちと生涯にわたっておつきあいしていくことを大

切にしようと思ったんです。売り切りの発想ではいけない」と。

オートバイの購入前の情報提供、購入後のフォロー、廃車、買い替えとライフサイクルバリューをつくり上げることに注力したのである。オートバイは、インドネシアでは高額のために資産と考えるべきである。この資産を有効活用できる仕組みをつくることを考えた。現在、資産としての戦略は、非常に有効に機能している。日本以外のオートバイメーカーの中古品はとても安い。ところが、新車に対しても品質不安があるため、中古品はますます警戒される。

日本メーカー品を扱うオートバイディーラーは中古品の価格の維持を図った。新車の価格の半分程度を維持した。この価格は競合他社品の数倍はする。価格を下げて対抗してきた発想を捨て、価格を高くすることで価値を客と共有するのだ。

日本メーカーは各社とも新車は、他国メーカーの競合品の二倍の価格である。中古車となって自分のオートバイを売るときは、日本メーカー品は新車の半額近くで買いとられるが、他国メーカー品はただ同然になる。オートバイユーザーの中に、「日本メーカー品は最初二倍だが、半分回収できる。他国品は半額だが、中古になるとただ同然である」と、経済合理性のものさしをつくるところまで市場構造を誘導していった。

他国メーカー品の品質が上がっていく中、またディーラー政策に大きな投資をして対処していく他国メーカーが今後も現れるだろうが、ライフサイクルの付加価値を高めるために何をすべきかを客と〝響創〟し続けるならば、必ず道は開ける。羊飼いマーケティングをユーザーのライフサイクルバリューマネジメントとして活用すると、効果を即効性で生み出す特定解を導き出すのだ。

賢問22　この事例では、何が羊飼いマーケティングになっているか？

ヒント　商品がもつ価値は、現在で測るのか、過去で測るのか、未来で測るのか、システムの原則で全体の価値を上げるビジネスモデルを考えることがポイントである。

●事例３　モンゴルでの日系住宅会社の販売戦略の見直し
――「銀行が信用されていない国での住宅販売」

モンゴルで通用しない日本の常識

モンゴルの一般の人々に、銀行が身近なものになったのはほんの数年前のことである。そのために、こんなことがあった。

この国の首都ウランバートルに日本の地方の住宅会社が進出した。住宅は高い商品であるが、モンゴルで売買されるマンションには、二〇〇〇万円以上の物件が多くある。この会社も高級ゾーンにターゲットを置いた。しかし、住民の年収は低く、ローンの設定が必要だと考えた。

モンゴルの都会でのステイタスは、郊外にゲルと呼ばれるモンゴルのテント形式の住宅を持って、都会で快適な近代的な住居に住むことであった。だから、できるだけデザインも近代的な建築様式の人気のあるものにした。いい立地を確保できたこともあり、多くの客が見学に来た。

販売担当のC氏は、見学者の多さから、絶対に売れる、完売できると思った。しかし、実際に商談を進めて銀行ローンの紹介をすると、誰も乗ってこない。みんな冷やかしばかりなのか？　あんなに真剣に質問してくるのに……。

C氏は、銀行ローンによる販売が進まない理由がわからなかった。C氏は日本ではトップセールスマンで、モンゴルの言葉もしっかり勉強してきて自信満々であった。実際に見学者を多く集めているし、また説明すると、ほとんどの人が強い興味をもつ。それなのに、どうしてなのだろう。

客と一緒に売り方を響創する

C氏は、銀行側の話だけではなく、客側の情報をとるために、見学者の方々との懇親をさらに深める懇親の場を設けた。その場である客が語った次の言葉に、C氏ははっとした。

「モンゴルの人は、まだ銀行が信用できないのです」

Ｃ氏は、素直に客のことを考えることにした。まず、家やマンションを買いたいと思っているのは間違いない。しかし、銀行のローンを払い、実際の家の値段より高い金額を払うことがいやなんだ。

日本や欧米ではローン購入が当たり前だけど、ここでは通用しない。そこで、自分の常識を打ち破った。

「現金販売をしてみよう。そして、ある程度の交渉できる余地を価格に設定しておこう」

Ｃ氏はローン販売をやめて現金販売をし、個別交渉でこっそり値引きするスタイルをとった。すると、数百戸すべてが完売した。

日本国内では景気停滞の影響で、本社は資金ショートの危機があったが、このモンゴルの現金が会社全体を救った。

買い方・売り方の関係の新しいスタイルづくりをするとき、羊飼いマーケティングは有効である。

賢問23　この事例では、何が羊飼いマーケティングになっているか？

ヒント　あなたは、自分と同じ価値観をもっているとの固定観念で客をみていないだろうか？　顧客の目的・価値観に焦点を当てる「プル型マーケティング」がヒント。

●事例4　日本のOA商社

「社員に喜ばれ、社員が誇りとし、社員が家族から感謝される会社を創る」を目的に、昭和三六年七月に創業されたこの会社は、日本でもっとも大きなOA商社に成長し、現在では社員数約六七〇〇人、年商約四七〇〇億円（二〇一一年度実績）に至っている。

創業者が自らの守備範囲を「自分と自分の家族、社員と社員の家族」とし、「亀の歩み」を信条に、当時の常識を次々と破って革新的な取り組みを行った結果である。これは、ブレイクスルー思考の「ユニークさの原則」を厳守した創業者の経営哲学が、実を結んだものといえよう。いくつかその取り組みを紹介したい。

新聞店舗をヒントに

数人の社員しかいなかった当初、すべてが新規顧客である。ポツン、ポツンと客が増えていくが、それは〝点〟であって効率が悪い。

そこで、新聞配達をヒントにして、軒から軒の訪問、すなわち〝点から面〟の発想へと切り替えた。そして、ある程度の客の数が確保されると、拠点を次々と出店していく。当時は物流も現在のように整備されておらず、消耗品もその拠点の倉庫から出荷する体制だったので、迅速な供給を売りにしていく。「あそこに頼めば、すぐに配達してくれる」という評判が口コミになり、客はどんどん増えていった。他が多店舗展開を考えなかったときの話である。

朝令暮改のスピード

そうして徐々に増えていった拠点（各支店）の責任者から、毎月一回の月報が上がってくる。管理項目は約三〇あって、トップは全部の月報に目を通し、異常値から市場の変化の兆しを感じとり、新しい施策が展開される。

朝令暮改もあるという。たとえば、重点商品として明示されていたものが、急に月中でも変更される。朝に出かけたセールスマンが昼に戻ってきたときには、まったく別のことを指示されることもめずらしくなかった。まさに「生解の原則」の鏡のような経営スタイルであった。月の途中に施策が変更される会社があるだろうか。また、それを受けとめ、実行に移す現場も大変だが、柔軟な対応や機動力が求められる。

営業年度と年間レース

この会社の決算は一二月だが、営業成績は毎年六月末で締められる。基本的に営業の会社なので、営業成績を競わせ、年間賞を設けている。

この会社の年間賞のスタートは七月からである。社員の異動もこの時期であるし、四月に入った新入社員も三カ月間の研修期間を経て配属され、七月からいっせいにスタートする。三月決算の会社は四月から一年間を考えがちだが、すべてのことが期末に集中するため、超多忙の時期を迎えることになる。定期異動も四月一日が多い。新入社員の受け入れも四月になるし、バタバタした期末、期初をこなすと落ち着くまでにしばらくかかる。その点、七月スタートにすると、世間が忙しい時期とかぶらず、スムーズに業務が回り始める。

他社のものまねではなく、社員の仕事を平準化して社員を動機づけ、一丸となって戦う意欲を盛り上げていく経営スタイルが、大きな成果に結びついていった。

仕事の平準化でリズムを創るプログラムとして年間スケジュールは、他社と異なり余裕を生むものであった。たとえば、四月は新入社員受け入れ、五月は決起大会、六月は年間レース締め、七月は定期異動や営業レース開始、一〇月は決起大会、一二月は決算である。このリズムが定着して、余裕を生んでいる。

決起大会で経営者が直接、社員に語りかける

年に二回、営業年度が締まる直前の一〇月と年間レースが締まる直前の五月頃、事業部ごとに決起大会がある。トップは決起大会に参加し、直接、社員に語りかける。営業マンを鼓舞するねらいもあるが、会社の現況や思いをダイレクトに伝える機会を設けているのである。お酒やごちそうを前に二時間近く立ちっぱなしで話を聞くこともあるというが、ある幹部に聞くと

「全然、苦にならない。話を聞けることが幸せ」という返事が返ってきた。

リーダーの重要な要素は、働く人々をいかに動機づけるかということである。バラバラになりがちな営業マンを数値で追うのではなく、会社の現状やあるべき姿、未来解の情報を共有しながら、客に接していく経営スタイルを確立して、客に大きな感動を与え続けたのである。

この商会の商売の原点

「サービスに勝る商法なし」の精神は、徹底的な顧客満足度の追求による。この会社の売りはサービスである。新規顧客の獲得のための交際費などはゼロであり、また一方的に顧客拡大ばかりを考えるのでなく、「六守四攻」（力配分は顧客維持のために六割、獲得のために四割というもの）の考えで、顧客の維持に力点を置いている。経営の根本は、「顧客の創造」である。つねに新たな顧客創造に四割の力を割き、なおかつ従来の客を大切に守ってリピーターとしていく羊飼いマーケティングを実践してきた。

徹底したESの追及

交際費は使わない代わりに、その分は社員の待遇改善や自社の設備への投資、あるいはお客様へのハイレベルなサービスにあてられている。とくに社員への思いは「私の守備範囲は自分と自分の家族、社員と社員の家族」の考え方のもと、高待遇・高福祉に現れており、ホテル事業に進出したのちは、社員はその高級ホテルを驚くような低価格で使うことができる。また、

（現在は全国展開したために変わったが）転勤はあっても転居はさせないというのが基本的な考えで、社員を採用していた。現代の経営がデカルト思考的な機械論で、部品を取り換えるようなやり方で採用とリストラを繰り返す経営とはまったく反対で、働く人たちの「人生を保証する」経営を実践して、会社に対する忠誠心を最大限に引き出す経営スタイルを貫いてきた。

重点商品と評価制度

たとえば、コピーを販売した場合、保守料金というものが毎月入ってくる仕組みがある。セールスマンが評価されるのは、あくまでコピー販売時の粗利で評価されるのが普通であるが、この商会の場合は保守料金の一部も評価される。また自社商品から自社商品への買い替えの評価を一とした場合、他者商品からの買い替えはその三倍評価するなど、顧客がもたらす会社への利益をそのまま評価制度に加えている。営業マンは評価制度にもとづいて行動するが、その毎日の積み重ねが大きく競合他社を引き離し、大きな会社に成長させる原動力となったといっても過言でないだろう。この会社の評価制度は、働く人々の動機づけに気配りし、「顧客を創る」活動を支援する配慮がなされていたのである。

また、当初はコピーの販売会社というイメージであったが、今やＩＴ系の総合マルチベンダーへと変貌を遂げている。そのきっかけとなったのが、パソコン販売であった。まだインターネットの影さえみえていない頃、パソコンは今後のオフィスの主役になると予見し、徹底したサポートのために、体制を構築して安心して使える環境を整えた。そしてその対価として自社でパソコンの保守サービス料金体系をつくって、コピーユーザー中心に拡販していった。まだどこも、そのサービスに目をつけていない時期である。

この会社は、つねに未来をあるべき姿、「未来解」から学びながら、他社に先駆け、新たなビジネスモデルを構築して顧客と創造してきた。「生解の原則」を厳守してきた企業の代表事例である。

賢問24　この事例では、何が羊飼いマーケティングになっているか？

ヒント　人間を重視して信用ゲームを徹底すると、未来解や生解につながるのはなぜか？

●事例5　ある飲料メーカーの生産技術

最後の事例として、第2章でも述べたある飲料メーカーのA社をあげよう。

A社は一九九三年に京都の老舗の茶商のお茶というコンセプトで開発された「銘茶」や、一九九七年、一九九八年「のほほん茶」では年間販売一〇〇〇万ケースを記録するなどのヒットをしたが、続く二〇〇一年の熟茶や二〇〇二年の緑水では販売不振となり、大きなヒット商品を出せずにいた。当時の茶飲料部門では伊藤園の「お〜いお茶」、キリンビバレッジの「キリン生茶」が大ヒットしてシェアを占めていた。

このような中で、A社では、二〇〇二年に新たな緑茶飲料プロジェクトが結成された。チームは、マーケティングリーダー、生産部門、デザイン部門、広告部門からなり、計五名で結成された。チームリーダーは最近の不振を奪回するには、競合他社の環境分析からわかる相対的な商品戦略より、これまで世の中に出ていない絶対的な価値としての本物の緑茶飲料を開発しなければいけないと考えていた。本物の緑茶とは何か、そもそも日本人にとって緑茶とはどういう飲み物か、日本人が茶に潜在的に求めているのは何か、原点に立ち返る必要があった。

プロジェクトチームがまず行ったのは、京都の老舗茶舗めぐりで良質な緑茶を試飲することであった。茶舗めぐりの後で、チームメンバーは感想を話し合った。そこでは「煎れたてのお茶はやはりうまいね」「心にしみこむ」「落ち着ける」「癒されるね」など、煎れたての茶に対する感想が多く出された。また多くの顧客調査をみて、日本人が茶に対して潜在的に求めていることを探った。

そして、日本人がお茶を飲むとき無意識に感じていることは、日本古来の伝統文化にふれているという感覚であり、緑茶はそのような日本的なスローライフに戻れる飲み物であるということを結論づけるに至った。さらに歴史ある御茶園との交渉の中から、めざすべき緑茶は「百年品質、良質緑茶」であり、「日本的スローライフを五感で感じられる」飲み物であるという高い目的をめざすコンセプトが出された。このコンセプトをあらゆる観点から実現するための創意工夫に富む商品づくりや広報戦略が練られることとなった

煎れたてのお茶の味を実現するための重要な生産技術が、「非加熱無菌充填方式」であった。この技術は、かなりのコストがかかることから生産部門や財務部門とは激論になったものの、結局は全部門が納得することになった。

なぜか。それは、試作品を試飲することで非加熱の無菌充填の本物の緑茶の味を実感するようになったため、真の百年品質、本物の緑茶の味を追求する意味・目的がわかったからである。

賢問25　この事例では、何が羊飼いマーケティングになっているか？

ヒント　より大きな目的にこだわった‼

▼事例から学ぶ羊飼いマーケティングのまとめ

あなたの求める解は、統計データやヒアリング調査の中にはない。人間の心の中にしか、未来はみえない。羊飼いマーケティングとは、個客との間に信用ゲームで響創マネジメントを行

いながら、個客と一緒に感動を探し、特定解を求めることである。市場や環境の変化が人の心をどう変えるか、未来の棚から考えていくのである。人間を深いところで理解する力が、未来を実際に変えていく力となる。人間の変化を見抜く力が市場を生み出す原動力となるのだ。

第5章 ブレイクスルーマーケティング、羊飼いマーケティングの実践

乱気流時代に欠かせない「ブレイクスルーマーケティング」「羊飼いマーケティング」の有用さは、理解できたであろうか。次は「どうしたらそれを実現できるか?」という段階に入る。この章では、商品開発とビジネスモデル開発をテーマに実践の方法を考えていこう。ぜひ職場で実践して、大きな成果を出していただきたいと思う。

1 思いつきアプローチと構造化アプローチ

ゴルフは、「ゴルフ経営術」などと呼ばれて、経営者は好んでやる人が多い。その理由は、ゲーム性があっておもしろいということ以外に、ゴルフは人と人をつなぎ、クラブを取り換えながらステップを踏み、ある目標を達成する「構造化」された遊びであるからだ。

多くのビジネスパーソンは、ほとんど思いつきでマーケティングを考えることが多いが、この

ゴルフのように、ブレイクスルーマーケティングは構造化されていてステップを踏みながら、マーケティング戦略を考えることができるのが特徴である。

ブレイクスルーマーケティングの構造化アプローチは、具体的には三つの基礎原則と四つのフェーズ、三ステップの活動に沿って問題解決策を、グループ活動をとおして構築する（図5-1）。なおこの活動事例は、次節を参照してほしい。

ブレイクスルーマーケティングの構造は、四階建てビルをイメージすると覚えやすい。ブレイクスルー思考の七つの原則を、三つの基礎原則と四つのアプローチ原則に分けて使いこなすことで、最終的には「すぐれた結果」を出すことができる。基礎原則は、建物の土台で、マーケティング戦略を練るときの基礎になる考え方や哲学である。そして、四つのアプローチ原則を用いて、フェーズを踏んで、四階建ての階段を登っ

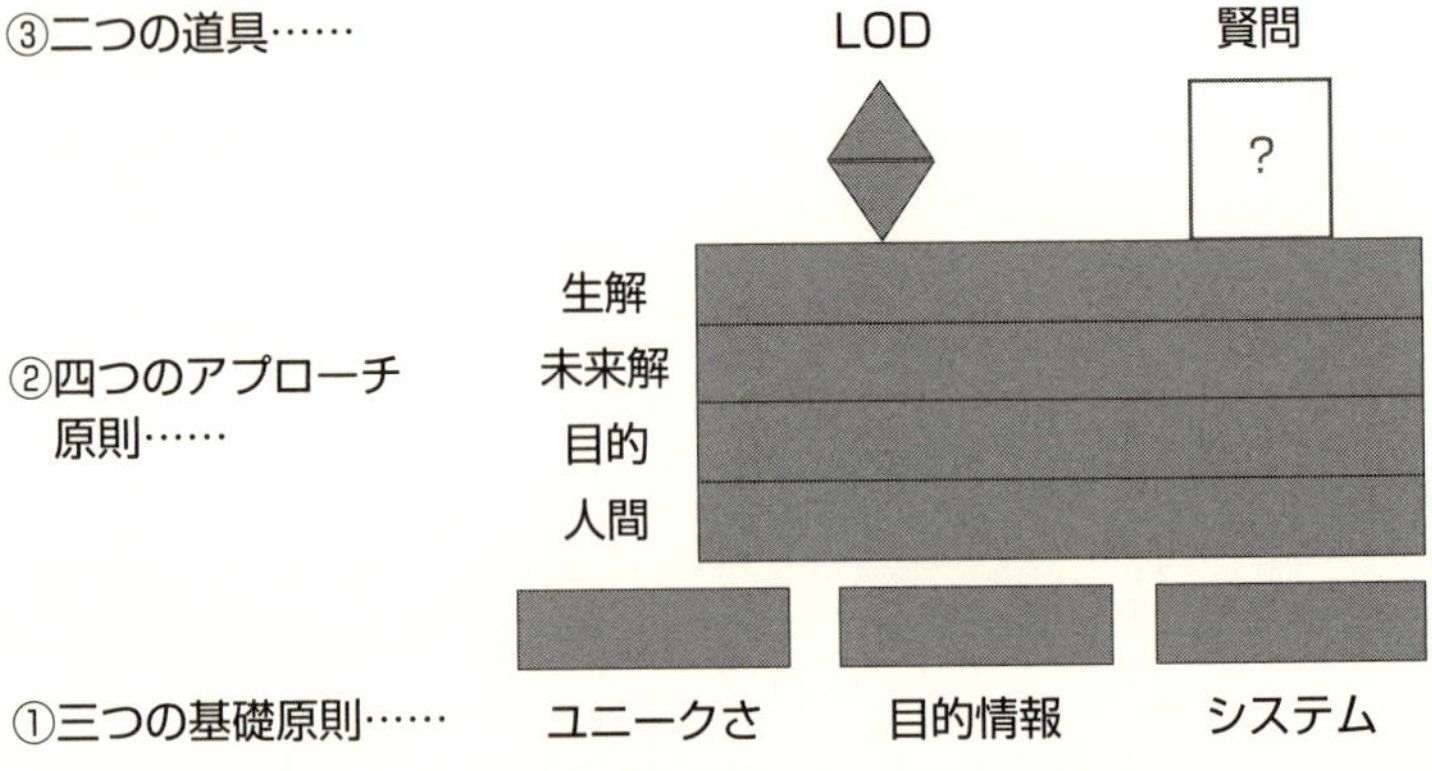

図5-1　ブレイクスルーマーケティングの構造

ていく。屋上には、二つの道具があり、創造性を刺激する「ＬＯＤ」と「賢問」を使う。ＬＯＤとは、List-Organize-Decide の略で、拡げて（列挙して）、まとめて、決定するというステップで、人間の階、目的の階、未来解の階、生解の階の各階でＬＯＤをしていく。賢問とは、前述したように、「賢い質問」のことで、人々を動機づける質問をして参画者に考えることを奨励するのである。「思いつきアプローチ」に比べると、完全に構造化されて、何を次に考えたらよいかを明確に知ることができるので、人々を導く（ファシリテートする）ことができるようになる。

賢問26　思いつきアプローチの利点・欠点は何か？　構造化アプローチの利点・欠点は何か？

以下、詳しくみてみよう。

(1)三つの基礎原則

活動中、つねに意識してリーダーが賢問する内容のこと。

①ユニークさの原則（ユニーク差の原則）……「万物はユニークな差がある」「あらゆる解決策はユニークな特定解をもつ」。ものまね厳禁を是とする。「○○○らしいって何？」「□

□□しかできないものは何？」と賢問してみることである。

②目的的情報の原則（目的適情報収集の原則）……解決策を創るのに必要不可欠で、目的に適した情報収集を行うこと。

③システムの原則……「万物はシステムである」。解決策をシステムとしてとらえ、重要な要因を抑えたマトリックスで思考すること。「目的は何？」「その目的の目的は何？」「アウトプットは何？」「インプットは何？」「インプットからアウトプットはどんな手順でやるの？」「処理をとりまく環境は？」「転換する人、もの、情報は？」「諸次元は」など、さまざまな賢問をすることである。

(2)四つのフェーズ

四つの原則を順番に取り組みながら解決策をデザインすること。

①人間フェーズ（参画巻き込みの原則）……人は情報の源であり、解決にかかわる人をすべて参画させなくてはならない。参画させるべき人を拡げてまとめて、焦点を合わせる主役、場所、時を設定する。

②目的フェーズ（目的の原則（目的展開の原則））……設定された場（主役、場所、時）に対して、解決システムの目的展開を行い、着眼すべき目的を選択する。

③未来解フェーズ（未来解の原則〔あるべき姿の原則〕）……着眼目的を達成するあるべき未来の解（未来解）のアイデアを、コンセプトにまとめてからシステムの原則で中味を検討する。

④生解フェーズ（生解の原則〔継続変革の原則〕）……未来解はゆるい制約条件で考えるが、現状ではさまざまな環境条件が存在する。これらの環境条件、例外事項を考慮したうえで、近未来的に解決できる生きた解（生解）を求め、システムの原則を用いて仕組みづくりをする。

(3) 3ステップ

それぞれのフェーズにおいて行う三つの活動形態のこと。各フェーズの活動においては必ず、アイデアを拡げる（List）、まとめる（Organize）、そして1個または数個を選択する（Decide）を行う。

2　解決システムの全体構造と目的軸

ブレイクスルーマーケティングの基礎原則とフェーズの全体構造は、図5－2をみていただ

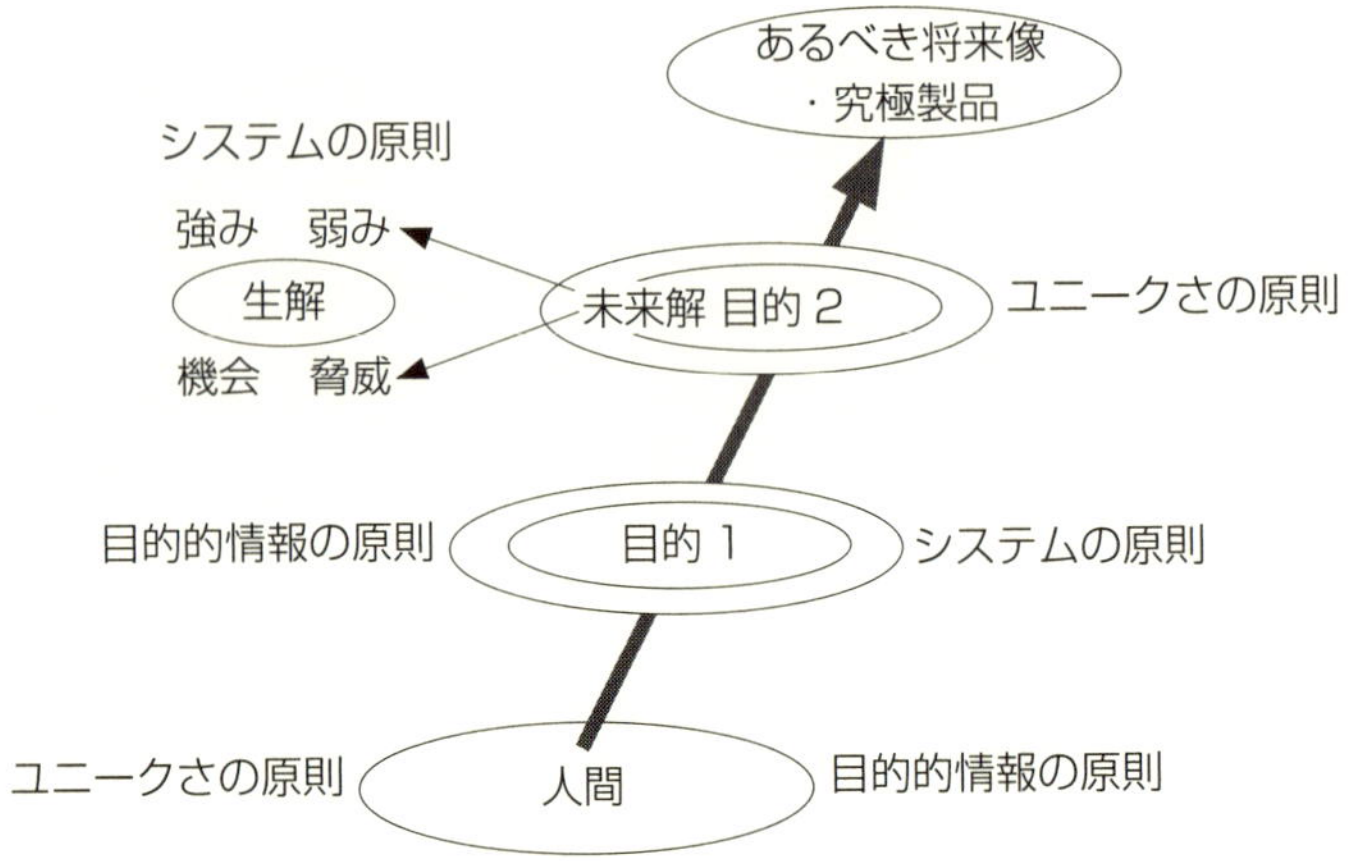

図 5-2　ブレイクスルーマーケティングの構造化アプローチ

きたい。

全体構造のベースにくるものは人間であり、人間が主役となる。その主役が直面する課題に取り組むための解決システムは、めざすべき目的をいくつももつ。目的こそがシステムの存在理由であり根本である。その目的を小さなものから大きなものへと展開すると、未来のあるべき姿を創り出す根本や大目的に自ずと至る。人間と大目的を結ぶ目的展開の間に今後取り組むべき着眼目的や未来解や生解が考え出される。これらの人間―目的―未来解―生解に至る各フェーズでつねに意識しておくべきことが、ユニークさの原則（ユニーク差の原則）、目的的情報の原則（目的適情報収集の原則）、システムの原則である。これらの原則は、数多く出される目的、未来解、生解が、斬新で最適で効果的な解決策になるための羅針盤になる。

3　ブレイクスルー思考による商品開発

ブレイクスルーマーケティングは、グループ活動による相乗効果を重視している。ここではグループ活動を順を追って概説する。主な活動内容を表5-1に示す。

本書の目的の一つは、アイデア発想力を強化することである。すなわち、案を拡げる（列挙する）力を強化することである。ここでは、二つの技を紹介する。

①簡易信用ゲーム……解決策を探索するときに使うゲームで、次のルールを用いる。

・すべて肯定する。

・足し算する。

・掛け算し、相乗効果を考える。

・イメージを尊重する。

②独創、響創……グループ活動するときには、「必ず独創して」から皆で響き合う（響創会議）。これは、すべての人々を参画させるベストな方法である。

●事例　カイロの商品開発

それでは、グループ活動の概略をカイロ開発事例を参考にみてみよう。

表5-1　ブレイクスルーマーケティングの活動内容

	ブレイクスルーマーケティングの構造化アプローチ			
基礎原則 賢問事項	各段階 フェーズ	フェーズで取り組む内容	ディスカッションの手順	活動の流れ
ユニークさ 目的的情報 システム	人間 フェーズ	・取り組む問題と課題、とりあえずの解決コアシステムの特定 ・課題に関与する人を列挙してまとめる。いつの時点で参画させるかを随時検討する ・次のフェーズで焦点を合わせる主役、場所、時を決める	List Organize Decide	↓
	目的 フェーズ	・場の設定（だれ、いつ、どこ） ・目的展開 ・着眼目的 ・価値観、ものさし、目標値	List Organize Decide	
	未来解 フェーズ	・着眼目的まわりの未来解を創る ・システム思考／システムモデル・マトリックスの活用	List Organize Decide	
	生解 フェーズ	・例外条件を考慮した現状での解をまとめる ・仕組みづくり ・クロスSWOT分析で環境分析とさらなるアイデア出し	List Organize Decide	

課題の設定

扱う問題として、「いつも夜遅くまで仕事をしなければならないが、暖房していても底冷えがして寒い」ということを訴える顧客がいる場合を考えてみよう。これに着眼したカイロのメーカーの新商品開発メンバーが、この問題を解決することになった。取りかかる「解決コアシステム」は、「カイロシステム」とする。

人間フェーズ――参画・巻き込みの原則

課題解決にかかわる人をもれなく列挙する。夜仕事をして寒い人として、ビジネスマン、主婦、学生などがあがる。またこの周囲にいる人として、寒いと感じる人と寒くないと感じる人（社員や家族）がいる。このプロジェクトを進める関係者として、カイロメーカーの開発社員、財務担当者、マーケティング担当者、マネジャー、材料メーカーの人々がいる。本プロジェクトを進めるためには、これらの人の調整がいずれかのフェーズで必要になるが、まずは新商品のコンセプトづくりを行うことを考えているので、次の目的フェーズで対象とする主役はカイロの利用者から選ばなければならない。この場合は、ビジネスマンを選ぶことを考える。

目的フェーズ――目的の原則（目的展開の原則）

ここで扱う主役は、夜仕事をして寒いと感じるビジネスマンであり、時は二年後、場所はオフィスとする。解決コアシステムは「カイロシステム」である。

グループ内での独創と響創で、カイロシステムの目的を出していく。それをまとめると、図5-3のような目的展開が得られたとする。

まとめられた目的展開図から、コンセプト案をつくる着眼目的を決定する。カイロのもつ当初の目的である「体を温める」を再定義化できる目的に着目するが、ここでは「心をリラックスさせる」に着眼することにする。

熱を発する
↓
暖を発する
↓
熱を受け入れる
↓
暖を受け入れる
↓
暖を温める
↓
体を温める
↓
体の温度を保つ
↓
（適）温を保つ
↓
体をリラックスさせる
↓
体を（柔らかく）維持する
↓
心を（柔らかく）維持する
↓
心をリラックスさせる ←― **着眼目的**
↓
仕事をリラックスさせる
↓
緊張をリラックスさせる ←― 次期着眼目的
↓
緊張をほぐす
↓
（無駄）思考をほぐす ←― 次次期着眼目的
↓
神経をほぐす
↓
神経を（柔軟に）動かす
↓
（仕事に）神経を集中させる
↓
思考を集中させる
↓
思考を爆発させる
↓
人生を爆発させる
↓
人生を謳歌する
↓

図5−3 「カイロシステム」の目的展開

未来解フェーズ――未来解の原則（あるべき姿の原則）

システムモデルとシステムマトリックスを活用して、着眼目的を達成できる解決システムのアイデアを出していく。まず着眼目的の「心をリラックスさせる」に価値観（形容詞、副詞）をつなげると次のようになる。

「（冷え切った）心を（温かく　ゆったりと　すっきりと　ずーっと）リラックスさせる」

このとき新商品のコンセプト、新商品イメージを①②のように考える。

①温かく　すっきりと　心をリラックスさせる→（新商品イメージは）カイロに香りや音楽を与える機能をもたせる

②ずーっと　心をリラックスさせる→（新商品イメージは）つぼ当て、リラックスする適正温度や場所を研究する

①のアイデアに対して、システムマトリックスの基本部分を構造図にできるシステムモデルに組み込んでコンセプトの詳細設計を行う。

「温かく　すっきりと　心をリラックスさせる」ことができる機能をもたせる〝香カイロ〟のシステムモデルは図5-4のようになった。

すなわち、この解決システムに入る前の人（インプット）は、「夜仕事をしていて寒い人」であり、このシステムを適用した後の人（アウトプット）は、「寒さをまったく気にせず心をゆったりして仕事する人」になる。そのようなカイロシステムの物的転換媒体（物的に必要なもの）は香料やカイロであり、人間転換媒体（関係する人）は仕事する人や同僚である。情報転換媒体は最適な使用法ガイドなどであろう。このシステムの処理手順を考えると、処理1から4のように、カイロに香料袋を貼り電源をONにした後、カイロを好きな場所に貼るとカイロで体が温まると同時に、その熱で香りが出て心も温まることになる。

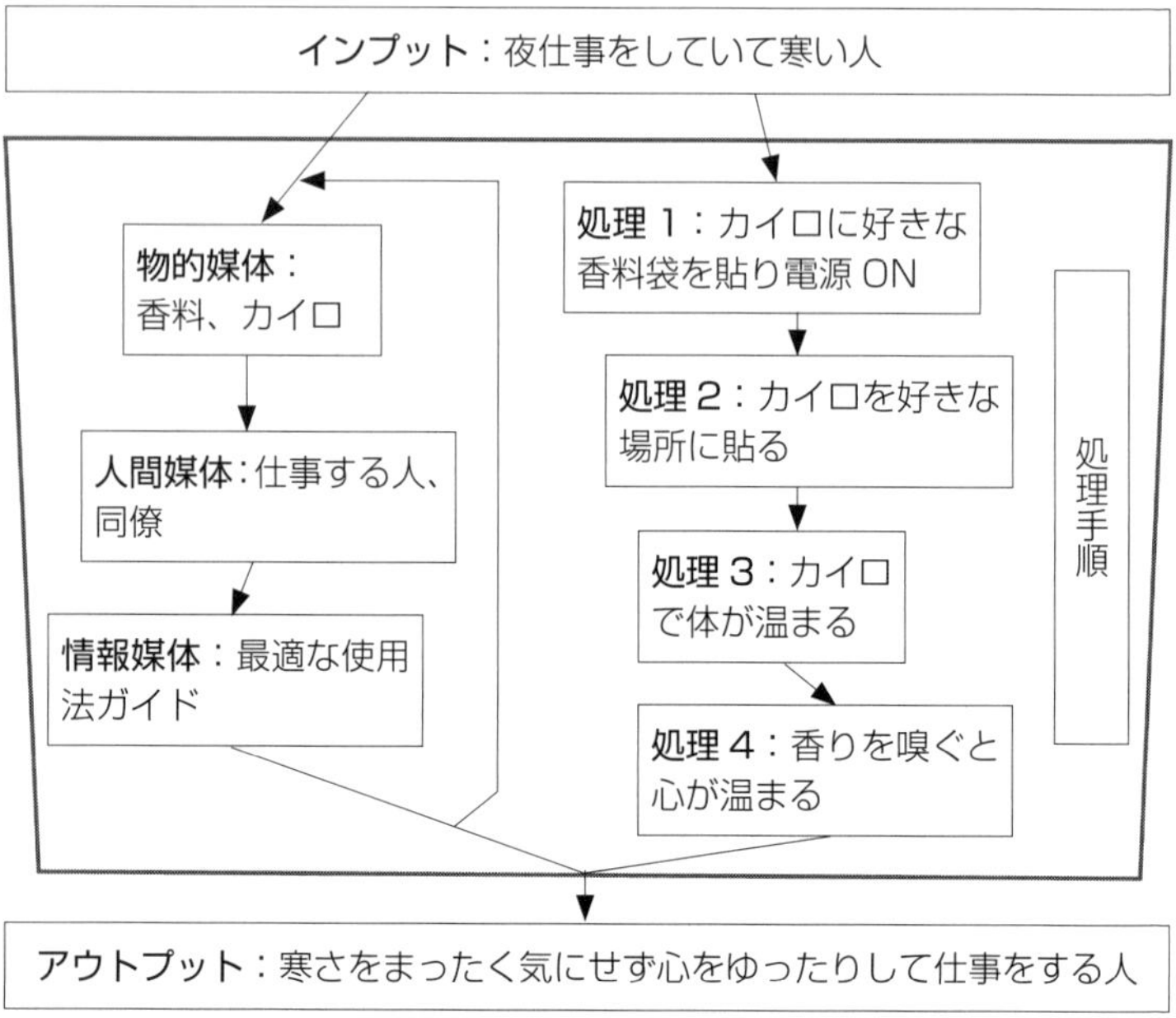

図5-4　香カイロのシステムモデル

このように、このシステムのインプットとアウトプットを押さえたうえで、各転換媒体や処理手順をまとめるシステムモデルは、システムの全体像をとらえるのに効果的である。

生解フェーズ――生解の原則

（継続変革の原則）

生解フェーズは、出された未来解フェーズに現状での制約条件や環境条件を考慮してさらに案を練り直すフェーズである。すでに未来解が出されているので、これについてはマーケティング手法のクロスSWOT分析を活用する方法がある。現状の状態でクロスSW

ＯＴ分析をするのに対して、目的展開―未来解を導出した後のクロスＳＷＯＴ分析（以下、ブレイクスルーＳＷＯＴデザイン）は、新たな解決策をもうひと絞りして見出すことができる。

ブレイクスルーＳＷＯＴデザインによる新たな展開

ブレイクスルーＳＷＯＴデザインによって新たに展開するアイデア事例をみていこう。その際に、現状の状態で行うクロスＳＷＯＴ分析でアイデアを出した後、ブレイクスルーＳＷＯＴデザインによってどのようにアイデアが変わるかを注意していただきたい。

①現状のクロスＳＷＯＴ分析例

まず、現状のＳＷＯＴ分析の事例を示す。ある小型暖房器メーカーについて現状のＳＷＯＴ分析を行った結果が、表5-2のようになった。

表より、外部環境の脅威としては、世界的な不況による輸出や国内消費の急激な落ち込みがあり、これはこの企業の輸出依存型体質に対しては大きな弱みになる。また中国等の急成長による資源の奪い合いの中、将来的にも材料高騰が避けられない。一方、使い捨て商品が多いことで、材料費が上がると利益率が低くなるという問題がある。

このような脅威と弱みに対して機会もある。高齢化・核家族化・小世帯化が進んでおり、省エネルギーで環境に優しい新たな小型暖房器具が望まれている。また、自社の強みとして、環境性能の高い材料ノウハウや研究開発部が元気なので、新しいことにチャレンジする意欲がある。

表5-2　SWOT分析例

	＋の影響	－の影響
内部環境	〈強み〉 ・環境性能の高い材料ノウハウあり ・研究開発部が元気	〈弱み〉 ・輸出依存型経営 ・使い捨て ・低価格帯 ・局所暖房に特化
外部環境	〈機会〉 ・国内環境として、省エネルギー型、暖房器の必要性 ・高齢化 ・小世帯化	〈脅威〉 ・経済の落ち込み ・材料の高騰 ・輸出の落ち込み ・環境への配慮意識の高まり

というような、市場の機会と脅威や自社の強みと弱みを考えたのちにクロスして考えて、脅威を機会ととらえられないか、弱みが強みにならないか、などの着想を得ることになる。このような分析の結果として、たとえば次のような新商品開発のヒントにつなげていく。

○新商品開発コンセプト1（過去と現在のクロスＳＷＯＴ分析から導いたもの）
『少し高価でも使い捨てをしなくてよい、何回でも使えるカイロの開発』

②カイロシステムの未来解導出後のクロスＳＷＯＴデザイン

前述の分析結果は、強み・弱みは、過去・現在からみた「強み」「弱み」であって、未来からみるとまったく異なってくるかもしれない。そこで、ブレイクスルー思考で取り組んだカイロシステムについて見出された未来解を活用して考えてみると、次のようなコンセプトが得られた。

〇新商品開発のコンセプト２（本事例の未来解フェーズの①のコンセプトを再掲）

「温かく　すっきりと　心をリラックスさせる」目的のカイロのコンセプトとして、

『心をリラックスさせる、香り機能や音楽機能をもたせるカイロシステム』

ここで、目的展開によって出されたコンセプト2に関して、自社の強み・弱みと外部環境の機会・脅威をみてみると、表5－3のようになった。

表５−３　コンセプト２に関する SWOT 分析

	＋の影響	－の影響
内部環境	〈強み〉 ・小型発熱技術 ・研究開発部が元気	〈弱み〉 ・香りや音楽機能についての技術がない。 ・リラックスに関する取り組みがない。
外部環境	〈機会〉 ・ウォームビズの関心が高い ・職場でのストレスで心の病になる人が増えている	〈脅威〉 ・超小型の音楽プレーヤー機器の普及 ・香りを得意とする企業の存在 ・低温やけどの不安感

自社の弱みと脅威は、もともと自社内で香りや音楽に関する技術シーズをもっていないうえに、超小型の携帯音楽プレーヤー機器が普及しており、カイロに付随させても、満足のいく商品にすることが難しいと予想される。

またリラックスしきれない点として、低温やけどに対する不安も考えられる。その一方で、社会的情勢は、ウォームビズでできるだけエネルギーを抑えて暖かく過ごすことがよいとされる風潮にあったり、不況下で職場でのストレスで心の病を患う人が多くなっており、仕事中においてもストレスをため込まずにリラックスしながら個人暖房ができるシステムが望まれることがわかる。このように、仕事をしている人が心をリラックスしながら暖めることができるカイロシステムのSWOT分析から、香りや音楽機能だけでは市場を期待できないような否定的な状況にあるにしても、機会をとらえられれば新商品開発の可能性は少なからずあることがわかる。

ところで、心をリラックスさせる香り機能や音楽機能をもたせるカイロシステムというコンセプトで考えたSWOT分析（表5-3）は、最初のSWOT分析（表5-2）と比較してずいぶんと変化している。表5-2は現状の自社シーズと技術課題の範囲の中での発想だが、表5-3は顧客の新たな潜在ニーズまわりの分析となった。

③ブレイクスルーSWOTデザインによるコンセプト3

課題　表5-3の状況において、寒さで仕事に集中できない人の心を温め、ゆったりとリラックスさせることができるカイロとはどんなカイロか？

これより、さらにコンセプトを出していくと次のようなものが出された。

・お香を焚くことが好きな人（心が癒される人）のために、カイロ自体の温かさでお香が自然と香り出すようなカイロ。

・温めると同時に呼吸を整えて、気持ちを落ち着かせることができるようなカイロ。
・鼓動や呼吸と同じような波長で、温度を変化させながら体を温めることで、無用な緊張を取り除く。
・下半身全体をバランスよく連続的に温度を下から上へ上から下へ温めることで、気持ちよく血流を巡らし、結果として心をリラックスさせると同時に仕事を進ませることができる。
・服の中に最初からカイロを入れることを想定して、少ない温源で広い範囲の暖かさを感じられる服をセットで商品化する。
・カイロを適当な場所に貼り付けて軽い運動をするだけで、体も心も温まるとともにリラックスできるという方法を考案する、など。

このようにＳＷＯＴ分析にブレイクスルー思考を導入して、未来の顧客ニーズを展開した後に再度ＳＷＯＴ分析をすると、ＳＷＯＴ分析はまったく異なる新しいものになる。そして、それに刺激を受けて、新しいアイデアがさらに生まれやすくなるうえに、アイデアに対して客観的な環境分析ができ、より効果的なアイデアをさらに追求するきっかけになる。このことは、当初定義したコアシステムにおける「場」に関しても、さらなる具体的な分析が加わり、より詳細な状況を設定できるという効果も期待できる。

賢問27 この生解づくりは問題解決の入口に立ったにすぎない。羊飼いマーケティングの実践には、さらに何を考えて取り組んでいかないといけないか？

4 ブレイクスルー思考によるビジネスモデル開発

経営の根本は、顧客の創造である。顧客の創造には「イノベーション」と「マーケティング」がある。前節の事例は、商品開発でイノベーションを起こそうとするものだった。今節では、マーケティング戦略において新しいビジネスモデルを開発して、従来にない方法で顧客を創造していく実践例を学んでいくことにする。ここでは、システムの原則を中心に、流通チャネル（＊流通チャネルとは、製品を送り手から受け手のもとに移転させる過程で関与する、あるゆる個人・組織の総称）の再設計・リエンジニアリングの方法を学んでいこう。

わかりやすい話として、TPPで揺れる農業分野で米の流通チャネルについて考えてみよう。従来の米の流通経路は、農家が米をつくり、農協に納め、米価格センター、卸業者、小売業者から消費者に売り渡されるという複雑な経路をたどってきた。しかし、最近のスーパーなどの流通業界では、農業分野に進出してスーパー直営「〇〇ファーム」で採れた野菜を消費者に直接スーパーで販売することが多くなってきている。これは、従来の流通チャネルの革命ともいえる話で、農協や卸業者などの「中抜き」という手法で、流通コストの低減を図るビジネスモデルである。

ＴＶ通販やネット通販も、通信技術やＩＴ技術を駆使して、この「中抜き」を達成しているビジネスモデルで、今後ますます拡大するものである。グローバルなコスト競争を考えると、このような流通コストの低減は、避けて通れないマーケティング戦略になりつつある。ブレイクスルー思考の七つの原則を用いれば、ものまねではなく、新しい流通ビジネスモデルの開発も可能になり、犬を吠えさせ、羊を動かすことが可能になる。ブレイクスルー思考の基礎原則、アプローチ原則に沿って、ビジネスモデル構築の注意点を考えていこう。

ユニークさの原則（ユニーク差の原則）

第一の原則であるユニークさの原則は、とても重要である。すべての商品が同じビジネスモデルではない。消費材である最寄品、買い回り品、専門品、生産財などでは、まったく流通チャネルが異なり、このユニークさの原則（ユニーク差の原則）が影響を与える。取り扱う品目にあったビジネスモデルを創る努力が必要である。国や場所が違えば人間が違うので、流通モデルが異なるし、時間とともにビジネスモデルを変える必要が出てくる。商店街の衰退が示すように、多くの分野で過去の流通モデルが機能不全を起こしている。何のマーケティングのビジネスモデルか？　誰が主役か？　どこでのビジネスモデルか？　いつに使われるビジネスモデルか？　と、「場の設定」を明確にして、「特定解」を創ることである。

目的的情報の原則（目的適情報収集の原則）

現状・過去を分析し、対策を考えるデカルトマーケティングの手法は、ここでは使わない。しかし、未来の流通モデルを構築するために必要な情報は、最小限に収集する。たとえば、「木を見て森を見ず」というようなことがないように、森をみるためのトレンド情報や業者間の相関関係情報など、ＩＴ技術を用いて必要に応じて収集することもある。

システムの原則

流通チャネルはシステムである。顧客に商品を届けるという目的をもち、顧客と小売店、小売店と卸、卸とメーカーの関係性である。当然全体の最適化を求められている。すなわち、目的性、関係性、全体性をもつシステムの代表である。ビジネスモデル開発では、アプローチ原則とともに、この原則を使って再設計していく。

とくにシステムモデルを中心に、ビジネスモデルの創り方を考えてみよう。従来の最寄品の流通チャネルは、製造会社から商社や大卸、そして卸、小売店、そして消費者へと、システムモデルのインプットからアウトプットへの商品の流れは、数多くの人々の手を経て、最終ユーザーに届けられていた。そのため、多くの人件費や取扱手数料、マージン、在庫、日数がかかり、流通コストの商品代金に占める割合は大変大きな問題になってきた。この流通モデルは長い歴史の中で培われてきたもので、この関係性を変えることは流通革命ともいえるものであったが、スーパーマーケットのような業態は、その流通革命の旗手となって、この世界を変えてきた。農業分野や漁業分野などは、これから流通革命の余地のある分野で、このブレイクスルー思考を用いて、新しい流通ビジネスモデルを創るチャンスでもある。

それでは、アプローチ原則を使って、ビジネスモデルを創ってみよう。

人間フェーズ――参画巻き込みの原則

まず考えなければならないことは、「誰がリアルユーザーであるか？」ということである。多くの企業の製造部門の人々は、自分たちが主役であると錯覚している場合が多い。「俺の開発した商品を使え」という態度である。しかし、マーケティングの基本は顧客であり、それも実際に使う人（リアルユーザー）は誰かを考えることである。

たとえば、従来のトイレメーカーの客は、トイレの卸や水道工事店であった。水道工事店は、卸からトイレを買い取り、家庭のトイレに設置するという「工場から家庭に押し出す（プッシュ型）マーケティング」が行われていた。そこで、ブレイクスルー思考の導入でこの話題になり、誰がリアルユーザーであるかを響創した結果、トイレの主役、リアルユーザーは、水道工事店でもなく、家庭の主人でもなく、トイレ掃除で困っている主婦ではないかということになり、主婦の視点からトイレの開発、マーケティングの方法を見直したということである。このように主役が変わると、まったく違ったマーケティングビジネスモデルが必要になってくることに注目することから、羊飼いマーケティングがスタートするのである。

目的フェーズ――目的の原則

次のフェーズでは、主役の視点から目的を列挙して考えることである。列挙された目的を目的展開図にまとめて、どこに着眼してビジネスモデルを創るかということである

たとえば、まだ新しい流通ビジネスモデルが構築されていない分野で、鮮魚店を事例にとらえて考えてみよう。主役の顧客は、魚を料理する主婦として、目的を列挙して目的展開図にまとめてみると、図5-5のような一例になる。

着眼目的の決定

この目的展開から、主婦は幸せを取り込むために、壮健や活力、元気を取り込む目的で、魚を手元に置くために鮮魚店で魚を買っていることがわかる。魚を買うことが目的ではなく、魚を手元に置いて活力を取り込むことが目的であるという視点の転換ができるかどうかが、新たなビジネスモデルを構築するためには重要である。おもしろいことに、「蛋白質《たんぱくしつ》を手元に置く」という目的に着眼すれば、別に魚でなくても、松阪牛でもよいことに気づく。魚の流通ビジネスモデルから、ブレイクスルーしてしまうのである。活力を取り込むという目的に着眼すれば、

魚とか肉とかいう食料品の流通ビジネスモデルではなくてもよいことにもなる。

未来解フェーズ——未来解の原則

次の段階は、着眼目的「魚を手元に置く」未来の流通ビジネスモデルのあるべき姿を描くことである。例外事項は、別途に考えることにして、未来から考えてどんな姿にすべきかを列挙してみる。そのためには、システムの原則を用いて、鮮魚店のインプットのインプット、そのインプットのインプット……と源流まで遡ってみると、「魚卵」まで至りつく。また、逆にアウトプットのアウトプット、そのアウトプットのアウトプットと下流に下っていくと、主人の

魚を見る
↓
魚を選ぶ
↓
魚を買う。
↓
魚を手元に置く ←— **着眼目的**
↓
蛋白源を手元に置く
↓
蛋白源を食べる
↓
蛋白源を味わう ←— 次期着眼目的
↓
栄養素を味わう
↓
栄養素を摂取する
↓
元気の源を摂取する
↓
元気の源を取り込む
↓
元気を取り込む
↓
活力を取り込む ←— 次次期着眼目的
↓
壮健を取り込む
↓
幸せを取り込む
↓
————————
↓
人生を（幸せに）生き抜く
↓
人生をまっとうする
↓

図５–５　鮮魚店のモデル

肉になり血になる。

流通ビジネスモデルでの理想形は、中抜きして、この流れの長さがゼロ（究極）になるようなアイデアを出すことがポイントになってくる。

そこで、着眼目的や次期着眼目的、次次期着眼目的に対して理想的な解決策を列挙する。

着眼目的「『魚を手元におく』ための究極の流通モデル」は、

①魚卵を育てて、直接主婦に渡すビジネスモデル

②漁船と家庭をインターネットで結び、漁師が魚をとった瞬間にネットオークションを行い、港に着いたら宅急便で送るビジネスモデル

③養殖を行い、養殖場でネットオークションを実施、宅急便で送るビジネスモデル

④全世界の養殖場をネットで結び、「ネット競り市場」を創るビジネスモデル

⑤全世界の漁業者をネットで結び、「ネット競り市場」を創るビジネスモデル

次の目的（蛋白質を手元に置く）に着眼すれば、

⑥松阪牛のネット市場を創り、主婦が直接オークションに参加するというビジネスモデル

より大きな目的、たとえば「元気を取り込む」という所に着眼すれば、

⑦筋肉増強剤、血液増強剤で、筋肉や血液を創るビジネスモデル

⑧家庭では食事をしないで、「元気院」で鍛え、栄養を摂取するビジネスモデル

など、さまざまな解決策が考えられる。

列挙されたアイデアを、「魚を手元に置く」という着眼でビジネスモデルをまとめてみると、

①養殖を中心としたビジネスモデル

②ネットオークションを中心としたビジネスモデル

を検討してみる。

目的的情報の原則によりマクロ的に考えると、漁業資源が枯渇し、ネットが急速に広がる未来を見据えて、「養殖・ネットオークションビジネスモデル」を仮決定して、コンセプト名として「ネット海洋牧場」と命名して、次の生解フェーズに進むことにする。

未来解「養殖・ネットオークションビジネスモデル」

　コンセプト名〝ネット海洋牧場〟

生解フェーズ――生解の原則

次のフェーズは、例外事項も考慮しながら、できるだけ理想案に近づける意識で、現実に合う実施案をシステムの原則を使いながら、実施に移して成果を出すことである。

まずさまざまな困難が予想されるのは、政府の規制や既存の漁業団体、利益者集団の抵抗が考えられる。そのため、羊現象を起こすような犬笛と犬が必要である。理想形にもっていくた

めには、段階を踏む必要がある。また現時点では、すべての魚が養殖できないので、最初の段階では漁業団体との協働が必要である。

第一段階　コンセプト名である〝ネット海洋牧場〟〝プライベートブランド確立〟など、ブランド作戦を展開して、マスメディアやインターネットなどで犬笛を吹き、犬を吠えさせ、高いブランドを確立する。養殖場の建設やネット環境の整備、物流網の整備、オークションシステムの確立、人材の育成などのシステムの転換媒体を準備する。

第二段階　システムの原則の中の関係次元で、漁業団体との協働システムの確立、たとえば魚を捕獲した段階でネットオークションにかけることができるビジネスモデルの確立など、既存の勢力さえも参画巻き込みの原則を用いて抵抗を最小にしていく。よい例が、ショッピングセンター内で、既存の店を取り込んで力にしていると同じ原理である。

第三段階　未来次元では魚にこだわる必要はないので、松阪牛のネット市場とも協働し、主婦が直接オークションに参加するというビジネスモデルになる。

より大きな目的、たとえば「元気を取り込む」に着眼すれば、筋肉増強剤や血液増強剤で、筋肉や血液を創るビジネスモデルも考えることができる。

要するに、生解フェーズでは、理想的な未来解にできるだけ近づくように意識をもち、既存の勢力やビジネスモデルを、時間とともに切り替えていくという方法をとるわけである。

５　垂直統合によるビジネスモデル開発

源流に遡り、下流に降りて、中抜きをする前節のビジネスモデル開発は、「垂直統合」と呼ばれる方法である。この方法では、中抜きにより、流通コストや流通在庫の削減が大きいが、既存のチャネルとの摩擦も大きい。ＰＢブランド戦略が可能な大手流通業では、中抜き戦略が可能であるので、最近ではマーケティング手法として定着し始めている。

中抜きまでいかないけれども、その手前のチャネルの統合を行う方法もある。物流業界では、前工程と後工程を統合して、新しいビジネスモデルを創り、業績を上げている企業も増えてきた。たとえば、

①倉庫業が、流通加工物流に変身していく、ビジネスモデルが最近増加している。
入荷受け入れ→入荷検査→加工→保管→出荷→運送

②ドアー・ツ・ドアー

物流業者は、ドアーからドアーへ垂直統合により、新たなビジネスモデルを構築して大成功を収めている。とくに海外との物流では、入管手続きなどさまざまな業態が入り込み、複雑になっているがために、コストが高くなると同時に時間がかかるという問題など、二一世紀のハイスピード・グローバル化の乱気流時代では時代遅れになってきている。垂直統合に

よる「一気通貫」のビジネスモデルが求められている。

6 水平統合によるビジネスモデル開発

次の方法は、ブレイクスルー思考のシステムマトリックスの関係次元を用いた水平統合によるビジネスモデル構築の方法である。水平統合とは、航空会社が他社と共同運航を行い、コストを落とすやり方などである。システムモデルの八つの要素と他のシステム（解決策）との相乗効果をねらったビジネスモデルである。「アライアンス」と呼ばれる方法もその一つである。

それでは、八つの要素について考えていこう。

①目的……企業統合や企業買収による新たな事業モデルを構築する方法であり、最近は円高を利用して、海外企業の買収で事業を拡大するビジネスモデルである。

②アウトプット……生産物を共同で広告宣伝したり販売会社を設立したりして、アウトプット側で水平統合する方法である。商品の共同配送なども、その一つである。

③インプット……このビジネスモデルは、よく使われる水平統合の例である。共同仕入れなどのビジネスモデルである。

④処理……このビジネスモデルは、処理の水平統合で、航空会社の共同運航というビジネス

モデルがよい事例である。

⑤環境……このビジネスモデルは、脅威に共同して立ち向かうビジネスモデルとか、ロビー活動などで、共同で利益誘導を行う法律を創らせるなどのビジネスモデル創りである。

⑥人間転換媒体……このビジネスモデルは、経営者側でいえば、企業グループの連携を強化するための会合を常日頃行い、連動させるビジネスモデルである。

⑦物的転換媒体……このビジネスモデルは工場を共同で建設する、設備を共同利用する、サーバー設備を共同利用するようなビジネスモデルである。

⑧情報転換媒体……このビジネスモデルは、ソフトの供用やネットにより企業間を連動させ、協働作業を行うビジネスモデルである。

以上、システムの八つの要素で考えられる水平統合を組み合わせれば、さまざまなビジネスモデルが構築できることは間違いない。読者の知恵が発揮できる分野でもある。

7　羊飼いマーケティングの七つのガイド

以上、商品開発とビジネスモデルの開発実践例を述べてきた。実際に成果を出すためには、企画計画したコンセプトやビジネスモデルを実行に移していく、ファシリテート力をもった

「ファシリーダー」が重要になってくる。さまざまな困難を乗り越え、成果を出す情熱がなければ、〝すべて絵に描いた餅〟になってしまう。国際協力機構（ＪＩＣＡ）の研修員が「タイでは、夜になると一杯飲みながらさまざまなアイデアを出し合うが、次の日になると何も実行しないので何も起こらない。また、その夜もワイガヤと話が盛り上がるが、何も進まない」とつぶやいていたことが思い出される。生解フェーズでは、さまざまな制限条件が頭に浮かび、いつの間にか「疑惑ゲーム」が蔓延し始め、レギュラリティに対しての解決策が出ないままに、例外事項に囚われて「できない理由」に押しつぶされてしまう現象が多く見受けられる。

そこで、本書の最後を締めくくるにあたり、犬笛を吹き、犬を吠えさせ、羊の群れを走らせる実践ガイドをまとめておくことにする。

ガイド１……主役は誰かを考えよう。誰が主役かを間違えないことである。経営とは、「顧客の創造」である。つねに顧客の視点を忘れないことである。

ガイド２……ものまね厳禁で、根本から考え抜こう。デカルトマーケティングは、ものまねからスタートする。激動する「乱気流時代」には、先例や事例のものまねは危険極まりない。つねに根本（目的）に立ち返り、根本からものごとを考える思考習慣をつけよう。

ガイド3……究極のあるべき姿から、拡げ抜こう。根本に立ち戻ったら、次は根本ベースで、「未来はどうあるべきか？」と、未来の究極のあるべき姿を描き、その究極のあるべき姿にできるだけ近い未来解になるように、現実に合わせたベストな方法、生きた生解を考えよう。

ガイド4……仕組みを創り、やり抜こう。アイデア倒れにならないように、システムの原則を用いて、仕組みを創り、やり抜き、驚くべき成果を得ることが重要である。「成果が出てなんぼの世界である」ことを自覚しよう。

ガイド5……情報は、目的「適」に集めよう。デカルトマーケティングのように現状分析のために、できるだけ多くの情報を集めて分析するのではなく、根本を考え、あるべき姿を実現するために必要な情報を必要に応じて、必要なだけ収集する「ジャストインタイム情報収集」を心がけよう。

ガイド6……参画巻き込み、響創しよう。人間が問題を感じ、人間が問題を解決し、人間が解決策を使うのである。問題とは、「心に引っかかる事柄」であり、「変えなければならないこと」である。解決策とは、「変化そのもの」である。人々の目的や価値観を時間とともに変えていくことが問題解決にとって必要なことである。それゆえ、企画の段階から、関与する人々を参画させ、巻き込むことが必要である。また、どんな人でもアイデアや情報、知識をもっている。文殊の知恵で響き合い、響創することである。

ガイド7……「怠るな！　絶えざる改善・絶えざる革新」。世の中は激動している。カメラを世に送り出して一流企業であった「コダック」は、この激動に巻き込まれて倒産においやられた。この激動時代に重要なことは、「固定した解決策は死に至る」という現実である。解決策は、生きている、動いているという考え方をもつ必要がある。すなわち生きた解――「生解」こそが、すべてである。朝礼暮改が悪ではなく、時代とともに変化するように、絶えざる改善・絶えざる改革を怠らないことである。

この七つの「羊飼い」のガイドを厳守して創られた「コンセプト」や「ビジネスモデル」を世に知らしめるためには、新聞やラジオ、ＴＶ、週刊誌、インターネット、口コミ、広報誌などのさまざまなメディアを使い、犬を吠えさせ羊を動かすことが必要である。

以上、ブレイクスルーマーケティング、羊飼いマーケティングについて学んできた。従来のデカルトマーケティングよりも、激動する時代には、これらの新しいマーケティングが、威力を発揮することになるとの思いが出てきたであろうか？

最後にまとめてみると、ブレイクスルーマーケティング、羊飼いマーケティングに取り組めば、次のような効果が期待できる。

①参画巻き込みを是として、〝集合天才〟をつくる。
②未来まで続く目的軸をつくり、確かな未来への道筋を描き出せる。
③〝未来解〟をつくり、未来から引っ張り上げる揚力をつくり出す。
④ランダムなアイデア発想会議になりがちなグループディスカッションを目的志向・未来志向で構造化された活動プログラム、〝響創会議〟により、ポジティブなアイデアを効果的に引き出せる。
⑤問題解決システムの本質を追究する目的や未来解を「拡げ抜き」「まとめ抜く」を基本とすることで、解決策を全体的視野においてみることができ、隙のない戦略構築に威力を発揮する
⑥商品開発による商品イノベーションと、ビジネスモデルによるマーケティングのイノベーションを引き起こし、マネジメントの本質――「顧客を創る」ことが可能になる。
⑦ネット時代の現代人に増えている「ワンワン」と吠えたてられて、反応する〝羊〟になることから解放し、〝犬笛〟を吹き、犬を操る〝羊飼い〟になることができる。

おわりに

事後犬笛テスト

さあ、ここまで読んでみて、皆さんのブレイクスルー思考、ブレイクスルーマーケティングの理解度はどう変わっただろうか。「はじめに」で取り上げた「犬笛テスト」（12ページ）に、もう一度取り組んでいただきたい。

・・・

いかがでしたか。○の数に、各点数をかけて横軸の合計点を左端列に記入し、今度は縦軸の合計点（小計）を足し合わせてみてください。

言うまでもなく、ここでは13点が最高の理解度となる。ここで、39点以上であった方は、思考が変わっていない可能性があるので、再度関係する章を繰り返し学んでいただきたい。これを繰り返すことにより、理論と実践により読者がさまざまな成功体験を積むことになるだろうし、度々この犬笛テストでチェックしていただくことをおすすめする。

このテストは、ブレイクスルー思考の七つの原則にもとづいて創られている。筆者らの研究

によれば、七つの原則のいずれかを見落とした場合は、必ず失敗することがわかっている。たとえば、

①「ユニークさの原則」を無視すれば、価格競争に陥り利益が出なくなったり、人々のニーズに合わない商品やサービスを世の中に出してしまうことになる。

②「目的的情報の原則」に反すれば、情報洪水に巻き込まれ、混乱を起こして、無駄な時間と処理コストでチャンスを逃す。

③「システムの原則」を無視すれば、部分最適化が進み、全体が見えなくなり、モグラたたきが始まる。また、アイデア倒れになって実現しない。

④「参画巻き込みの原則」を無視すれば、人々の抵抗に合い、どんなにすぐれた解決策でも実現できない。

⑤「目的の原則」に反すれば、やらなくてもよいことを効率的に努力するという第三種の過誤を犯す。とくに乱気流時代は、物事を根本から見直す思考が重要である。

⑥「未来解の原則」を無視すれば、過去から学ぶ思考に陥り、乱気流時代では危険極まりない。また、未来の究極を求めることにより、解決策をより研ぎ澄まされたものに引き上げることが可能である。

⑦「生解の原則」に反すれば、激動時代ゆえに、成功事例が、すぐに失敗事例になる。

乱気流時代では、いかにこれらのブレイクスルー思考の七つの原則が重要であるかを皆さんの周辺で検証していただければと思う。たとえば、日本と韓国は何が違っていたか。韓国は、世界各国に従業員を住まわせ、その国に合った商品を売りに出した。日本は、高機能商品を売ろうとして、ガラパゴス化したといわれている。日本の電子機器メーカーは、過去の成功体験にかかわり、音楽とネットのビジネスモデルに乗り遅れた。ジョブズは未来から学ぶ精神をもち、システムの原則を具現化した。原子力村は、参画巻き込みの原則を無視して、国民の信頼を失い、困難に陥っている……などなど。われわれの周辺には、七つの原則に反して失敗した事例が山とある。デカルト思考のみでは、「この世は住みにくい」と感じていただけたであろうか。

さらなる研鑽《けんさん》を!!

不況や震災、雇用不安、国際的競争力の低下など閉塞感だらけの今の日本。しかし、このままでは終われない。本書を読んでぜひ、ハイブリッド思考を身につけ、実際の仕事に活かしていただきたい。若い人への期待は大きい。羊で終わるな。犬でもいけない。羊飼いになろう。

経営の根幹は、ドラッカーが喝破するように、「マーケティング」と「イノベーション」である。本書は、この企業家的機能を強化する本として執筆されてきた。この犬笛テストで少なくとも最高の理解度を獲得した読書の方々は、ものごとを前向きにみることができるようになり、元気が出てきたことと思う。また、理解度が不足している方々は、再度読み返したり、巻末の参考図書をひもとき、理解を深める努力をしていただければと思う。

本書第5章では、ひととおりのブレイクスルー思考にもとづくマーケティング活動について演習が可能なように事例を用意した。本方法は斬新な発想をグループとして生み出していく活動として大変有効に働くことは一度実践してみるとわかる。しかし、真に身につけるためには、日頃の訓練・鍛錬が必要である。たとえば、目的展開で目的をたくさん出すところも最初はなかなか難しいことであるし、また出せたとしても、主役の新たな未来をのぞかせるようなおもしろい目的が入っていなければよいアイデアは生まれない。また、そのような有効な目的が入っていても見逃してしまい、着眼目的としてありきたりなものを選択してしまうと、おもしろいアイデアはやはり生まれない。着眼目的を適切に選ぶことやその目的を実現するためのアイデア部品の導出では、何度もグループで共創・響創して訓練していくなかで能力が高まるところが多いので、本書はそのスタートに立つものとして、練習を継続的に行う心がけに努めることをおすすめするものである。

「机上のゴルフ」「机上の水練」など、机上で理解したつもりでも、いざクラブを振っても空振りしたり、泳ごうとしても溺れてしまうものである。同じことで、ブレイクスルーマーケティング、羊飼いマーケティングの重要性が理解できたとしても、実践することは容易ではない。われわれの頭脳に新しい思考回路を埋め込む鍛錬が必要である。幸いなことに、ブレイクスルー思考を鍛錬する場所が世界に数多くあり、ネットを組んでいる。日本では、日本企画計画学会があり、全国大会の開催や学会誌の発刊、鍛錬会の開催などが行われている。また、北海道、東京、名古屋、沖縄など、日本全国に支部が結成され、研究会が毎月のように開催され、仲間が集まって鍛錬を繰り返している。ぜひ一度、門をたたくことをおすすめする。また、アメリカ、ベトナム、イスラエル、タイなどの世界各国には、ブレイクスルー思考センターや企画計画学会もあり、ネットワークを構築して世界会議も開かれている。

興味のある方は、日本企画計画学会本部（hibino110@gmail.com）までメールをいただければ、各地の支部活動や世界の状況を紹介します。

二〇一二年九月

日比野　省三

参考文献

日比野省三・梶原拓（一九九三）『ブレイクスルー』講談社

日比野省三（一九九七）『突破の科学――「ブレイクスルー」を使いこなす』同朋舎出版

日比野省三・ひもとあやか（二〇〇八）『企画の達人』創美Ｃ.Ｃ.ラボ

日比野省三・岩永俊博・吉田浩二（一九九九）『保健活動のブレイクスルー』医学書院

ひもとあやか（二〇〇二）『デザインできる?:あなたの未来』創美Ｃ.Ｃ.ラボ

日比野創・日比野省三（二〇〇四）『ブレイクスルー思考のすすめ』丸善

日比野省三（二〇〇四）『超思考法「パパ・ママ」創造理論――「異種結婚」で大ヒット商品をつくる』講談社

ひもとあやか・日比野省三（二〇〇八）『とびだせ！農業〈入門編〉――現状を突破する「ブレイクスルー思考」』『とびだせ！農業〈実践編〉』全国農業会議所

日比野省三（二〇〇五）『トヨタの思考習慣――世界一成功するシンプルな法則』講談社

日比野省三・ひもとあやか（二〇〇六）『「マンネリ思考」を変えれば仕事はうまくいく！』ダイヤモンド社

木瀬照雄・日比野省三（二〇〇八）『コンポンを見つければ仕事は必ずうまくいく』講談社

Shozo Hibino & Gerald Nadler 1994 Breakthrough Thinking, Revised 2nd Edition: The Seven Priciples of Creative Problem Solving

Shozo Hibino & Gerald Nadler 1994 Creative Solution Finding: The Triumph of Full-Spectrum Creativity Over Conventional Thinking

Shozo Hibino & Gerhard Plenert Making Innovation Happen

ひもとあやか・日比野省三『鍛錬ＢＯＯＫ１（目的Ｉ）』『鍛錬ＢＯＯＫ２（目的II）』『鍛錬ＢＯＯＫ３（価値観、物差し、目標値）』『鍛錬ＢＯＯＫ 賢問ドリル』創美Ｃ.Ｃ.ラボ

日比野省三『鍛錬ＢＯＯＫ２ 賢問ドリル』『鍛錬ワークシート 21世紀ブレイクスルー思考』創美Ｃ.Ｃ.ラボ

通計画学で、都市交通施策における交通需要予測手法の開発や人間の心理的評価を考慮した交通対策や災害時情報提供研究などの論文多数。

公職として、三重県都市計画審議会会長、国土利用計画審議会委員、愛知県中京都市圏PT・物流調査あり方検討勉強会委員、国土交通省中部地方整備局交通安全対策推進連絡会議委員、愛知県交通マネジメント委員会委員、名古屋高速道路公社など歴任。1998年に土木学会論文賞受賞。

連絡先：fujita.motohiro@nitech.ac.jp

大西 徹（おおにし・とおる）

㈱ジェムコ日本経営コンサルティング事業部本部長。㈱ジェムコ・コーオペレーションズ取締役。日本企画計画学会会員。国際公認経営コンサルティング協議会（国連NPO）認定CMC。社団法人全日本能率連盟認定マスターマネジメントコンサルタント。ビジネスモデル学会運営委員。

大学勤務を経て、1989年1月よりジェムコ日本経営に奉職。広告代理店、設計事務所、シンクタンク等のコラボレーションによるハイブリッドコンサルティング開発に取り組んできた。マーケティング本部本部長、イノベーションデザイン事業部長を経て現職。専門分野は、設計、製造、販売のバリューチェーンの各機能改善、およびプロセスイノベーションデザイン。上場企業の構造改革も多く手がけている。社団法人全日本能率連盟より全能連賞受賞。

添田 信也（そえだ・しんや）

ブレイクスルー・ソリューション株式会社代表取締役社長。日本企画計画学会会員。

大手メーカーの販売事業本部などを経て現職。経営品質協議会認定セルフアセッサー（認定番号JQAC04383）。全米NLP協会・日本NLP協会公認NLPプラクティショナー。一般社団法人日本プロカウンセリング協会認定二級心理カウンセラー養成講座修了者。専門分野は、経営マネジメント、販売革新、営業支援、中小企業の事業計画策定支援、組織の活性化支援（コミュニケーション、リーダーシップ）。

監修者・著者紹介

日比野 省三（ひびの・しょうぞう）

中京大学名誉教授。学術博士。日本企画計画学会会長。ブレイクスルー思考グローバル総本部会長。

アメリカのウィスコンシン大学大学院修了後、西ドイツに留学。南カリフォルニア大学のジェラルド・ナドラー博士と「ブレイクスルー思考」を長年にわたり共同研究し1990年に発表し、世界的に注目されている。現在3冊目の共著を出版準備中。南カリフォルニア大学1990年度出版最優秀賞、第14回伴記念賞学術奨励賞、米国「リーダーシップコータリー」ベスト論文賞、ウイリアム・A・オーエンズ学術功績賞受賞、第3回国際協力機構理事長賞受賞。

著書に、『販売組織の革命』（日本実業出版）、『情報概論』『社会情報学のデザイン』『情報学の常識』『プログラミングからシステム設計まで』（福村出版）、『企画計画実行の法則』『ブレイクスルーQCのすすめ』（こう書房）、『ブレイクスルー戦略』『ブレイクスルー』『「パパママ」創造理論』『トヨタの思考習慣』『コンポンを見つければ仕事は必ずうまくいく』（講談社）、『新ブレイクスルー思考』『「マンネリ思考」を変えれば仕事はうまくいく』（ダイヤモンド社）、『ブレイクスルー・リエンジニアリング』（産能大出版部）、『突破の科学』（同朋舎出版）、『保健活動のブレイクスルー』（医学書院）、『課題創造・解決』（日本能率協会）、『入門企画計画学』（GPS）、『企画の達人』『コンポン道場「鍛錬BOOK」（1・2・3）』『コンポン道場「鍛錬ワークシート」（1）』『賢問ドリル』（創美C.C.ラボ）、『ブレイクスルー思考のすすめ』（丸善）、『とびだせ！農業〈入門編〉〈実践編〉』（全国農業会議所）、『Breakthrough Thinking』『Creative Solution Finding』（PRIMA社）、『Making Innovation Happen』（St. Lucie Press）など多数。

日本を含め、アジアの多くの企業のコンサルタントとして活躍。

連絡先：hibino110@gmail.com

藤田 素弘（ふじた・もとひろ）

名古屋工業大学教授。工学博士。日本企画計画学会名古屋支部長。日本企画計画学会第2回世界会議「健康で幸福なまちづくりシンポジウム」コーディネーター。名古屋工業大学共通講義「マーケティング」講師。

名古屋工業大学大学院講義でブレイクスルー思考教育、連合王国ロンドン大学研究員、マーケティング関係論文として、「乱気流時代のマーケティング――ブレイクスルーマーケティングに向けて」企画計画2009、「マーケティング分析へのブレイクスルー思考の導入―― BT-SWOT分析の適用」企画計画2010。専門は、マーケティング手法が取り入れられてきている、交通工学、交

ブレイクスルー思考による
イノベーションマーケティング——羊飼いマーケティングのすすめ

2012年10月20日　初版第1刷発行

監修者　日比野 省三
発行者　石井 昭男
発行所　福村出版株式会社
〒113-0034　東京都文京区湯島2-14-11
電話　03-5812-9702　FAX　03-5812-9705
http://www.fukumura.co.jp

印刷・製本　シナノ印刷株式会社

Printed in Japan
ISBN978-4-571-41049-9